I0139852

L'ARMÉE ET NAPOLÉON III.

DÉPOSÉ.

Traduction et reproduction interdites.

L'ARMÉE ET NAPOLÉON III

PROTESTATIONS

DES

OFFICIERS FRANÇAIS

CONTRE

LA RESTAURATION BONAPARTISTE

BIBLIOTHÈQUE NATIONALE R.F.

ACQUISITION N.° 54,756.

PRIX : Fr. 1-50.

BRUXELLES,

OFFICE DE PUBLICITÉ,

46, RUE DE LA MADELEINE, 46.

1871

PRÉFACE.

Malgré la guerre, malgré Sedan, le capitulard rêvait encore, il y a quelques semaines, à Wilhelmshœhe, de pouvoir reconquérir le pouvoir que l'indignation générale lui avait enlevé le 4 septembre.

C'était folie, on l'a bien vu.

Grâce à Dieu, le juge suprême! le député corse Conti, à Bordeaux, a jeté à son maître le pavé de l'ours, et l'assemblée libre, l'assemblée souveraine, comme l'a justement nommée M. Thiers, a déclaré spontanément et unanimement la déchéance de Napoléon III et de sa dynastie.

Déjà un journal avait dit :

« Ceci, entendez-le bien, César, ceci vous est dit par des gens sans passion, qui ne vous haïssaient point, qui peut-être ont eu confiance en vous.

» — Vous ne reviendrez jamais!

» Jamais!

» Jamais!

» Ni vous ni les vôtres : ni votre fils, ni votre cousin, ni personne. La légende des Bonaparte est morte : vous l'avez tuée à Sedan. Le sang s'y mêlait à la gloire. Mais, hélas! les peuples sont ainsi faits, qu'ils se souviennent plutôt de Néron que de Titus! Au fond de tous les conquérants, qu'ils s'appellent Alexandre, César, Louis XIV, Napoléon Ier, Bismark, il y a un coquin. C'est une vérité qu'on est en train d'apprendre.

» La gloire de Napoléon Ier, nous venons au surplus de l'expier, et bien cher : la Prusse a fait à la France seule ce que la France avait fait pendant dix ans à l'Europe entière.

» Ce cycle-là est fini : les voix qui acclamaient Napoléon III, soutien de l'ordre, maudissent toutes Napoléon III, auteur *volontaire* d'une guerre inutile.

» Que les gens qui travaillent pour lui le sachent bien : la France pourrait être démembrée, être rayée de la carte de l'Europe ; mais elle ne voudrait point de son salut au prix d'un Napoléon.

» Et comment oseraient-ils, le père ou le fils, rentrer dans ce pays saccagé, où chaque pierre les accuse ? Iraient-ils loger à Saint-Cloud incendié, aux Tuileries transformées en ambulance pour les victimes de leur folie ?

» Qu'ils disparaissent donc, qu'ils se taisent au moins. A ce prix, la France consentira, non pas à pardonner, non point à oublier, mais à faire semblant d'ignorer qu'ils vivent encore, lorsque tant d'hommes de cœur sont morts pour eux... »

Mais avant l'assemblée, avant ce journal, d'autres avaient protesté courageusement, énergiquement, contre toute restauration bonapartiste, et ceux-là c'étaient les prisonniers français livrés à Sedan et internés en Allemagne.

Nous avons recueilli leurs protestations, nous les avons classées et nous offrons aujourd'hui à la France le véritable livre d'or de ces vaillants soldats trahis, livrés, qui maudissent Bonaparte et Bazaine, et avaient déclaré les premiers qu'ils aimeraient mieux briser leur épée que de servir encore les traîtres qu'ils réprouvent.

C'est, on ne l'ignore pas, à la suite d'une polémique qui a eu lieu entre l'*Indépendance* et le journal *le Drapeau*, que l'armée française, révoltée par l'audace des hommes de l'Empire, s'est unie dans un seul cri.

Heureux aujourd'hui ceux qui l'ont poussé ; que leurs noms soient désormais honorés entre tous, car chacun des signataires de ces protestations a donné à la France un gage d'honneur et de patriotisme dont le pays entier devra leur tenir compte.

PROTESTATIONS

DES

OFFICIERS FRANCAIS,

INTERNÉS EN ALLEMAGNE,

contre le rétablissement de la restauration impériale.

ALTONA.

Altona et Hombourg, 2 décembre 1870.

A M. le rédacteur en chef de L'INDÉPENDANCE.

Pendant que notre pays fait des efforts énergiques pour repousser l'étranger, le parti bonapartiste cherche à fomenter la dissension par le bruit d'une restauration impériale, secondée par l'armée française prisonnière en Allemagne.

Nous, prisonniers de guerre, nous protestons contre de pareilles manœuvres, et nous déclarons que nous ne nous associerons jamais, ni maintenant, ni plus tard, à une entreprise de ce genre, contre la volonté de la nation.

BIBLIOTHÈQUE ... R.F. ... IMPRIMÉS

Nous avons l'honneur de vous prier de vouloir bien insérer cette protestation.

Agréez, M. le rédacteur en chef, l'assurance de notre considération la plus distinguée.

Signataires :

ADRIAN (Q.), sous-lieutenant 3e lanciers.
ALGAN, capitaine 20e bat. chasseurs.
ALLIGRE, lieutenant 4e chas. à cheval.
ALPHANEL (S.), sous-lieut. 55e de ligne.
AMADET, capitaine 67e de ligne.
ARGOUD, capitaine 77e de ligne.
BARBERIN (A. de), lieutenant artillerie.
BARRY, lieutenant 77e de ligne.
BELLESON-ROGER (de), lieut. 54e de ligne.
BELLIER, capitaine 8e artillerie.
BERGASSE (F.), sous-lieut. 3e lanciers.
BERQUIN, lieutenant 5e rég. artillerie.
BERTTION, guide artillerie.
BOISTEL (de), capitaine 84e de ligne.
BOISTEL (de), capitaine 94e de ligne.
BOGÉ, capitaine guides.
BONAVITA, sous-lieutenant 8e ligne.
BOUNAUD, lieutenant 87e ligne.
BOURGÈS, capitaine 4e chasseurs.
BOUSSON, chef d'escadron 4e chasseurs.
BREUGER, capitaine 77e ligne.
BROUNER, sous-lieut. 2e chass. à chev.
BROUSSEY, capitaine 63e ligne.
BUTAUT, sous-lieutenant 4e chasseurs.
CANON (E.), sous-lieut. 4e chass. à chev.
CARRÈRE DE NABAT, capit. 2e dragons.
CAUVET, lieutenant 55e ligne.
CAVEL (E.), aide-vétérinaire 4e chass.
CENTROZ, capitaine 15e artillerie.
CHABAL, lieutenant 59e ligne.
CHAPERT, lieutenant d'artillerie.
CHARPENTIER (H.), capit. 4e rég. chass.
CHAPUIS, capitaine 77e ligne.
CHELIN, capitaine 3e lanciers.
CHANALEILLES (Comte DE), génér. de brig.
CHERY (J.), capit. d'état-major génie.
CHOISY, guide artillerie.
CHOPPIN, sous-lieutenant 8e dragons.

CLARA, capitaine 2e bataillon.
CLEMENT, capit. 5e régim. d'artillerie.
CLÉMENTÉ, sous-lieutenant 84e ligne.
CNUZIER, lieutenant 77e ligne.
COITAT (DE), capitaine 3e lanciers.
COILLOT, cap. comm. 9e bat. 9e rég. art.
COLAS, lieutenant 8e de ligne.
COSTA-VERDA (E.), capitaine état-major.
COURCY (de), général.
CREYTON (R.), capitaine 3e lanciers.
CROTET (Ch.), cap. cuirass. de la garde.
CURICQUE, lieut. 20e bataillon chass.
DAUDIGNAC (L.), lieut. 23e rég. d'infant.
DE HAIRE (G.), capitaine état-major.
DE GERAULT DE LANGALERIE, lieut. cuir.
DEISSE, sous-lieuten. 66e de ligne.
DEGUILHEIN, sous-lieuten. 66e de ligne.
DE SALLES, capitaine état-major.
DESGRÉES DU LOU (A.), cap. 12e drag.
DHAINE, sous-lieutenant 33e de ligne.
DIETRICH (L.), capitaine 63e de ligne.
DODARD, vétér. en second 2e train d'art.
DOMEYER, sous-lieut. 3e d'artillerie.
DREVON, capitaine, 1er voltigeurs garde.
DUCLOS, lieutenant 1er tirailleurs.
DUCROS (A.), capitaine 12e dragons.
DUMON, capitaine 1er voltigeurs garde.
DUTAILLE (G.) sous-lieut. garde-mobile.
FABRY, vétérinaire en 1er 4e chasseurs.
FALLE (H.), cap.-comm. 2e ch. d'Afrique.
FARAT, sous-lieutenant 3e voltigeurs.
FAVRE (L.), lieutenant 10e lanciers.
FERAND, command. du génie 1re div.
FERTÉ (A. de la), capitaine état-major.
FOUCHER, capitaine état-major.
FRACHET (M.), lieutenant 66e de ligne.
FRAISSYNAUD (G.), lieutenant 77e de lig.
FRANCY (A. de), sous-lieut. 94e de ligne.

GABERT, lieutenant 54e de ligne.

GAYET, capitaine 20e bat. chasseurs.

GEBAUD, chirurg. de bat. 66e de ligne.

GENNIN, lieutenant 8e de ligne.

GEOFFROY, capitaine 74e de ligne.

GODIER (de) sous-lieut. 4e ch. à cheval.

GRISERT (A.), sous-lieut. 54e de ligne.

GUELLE, lieutenant 41e de ligne.

GUIBERT, lieutenant 54e de ligne.

GUILLOMU, capitaine 1er grenadiers.

HUET (L.), capitaine 4e artillerie.

HENJO, lieutenant 67e de ligne.

HUGUES (d'), lieutenant 84e de ligne.

IMBERT, lieutenant 66e de ligne.

JACQUOT, capitaine 4e chasseurs.

JANNE, lieutenant 67e de ligne.

KERDEREL (R. de), capitaine état-major.

LAUNE DE MONTEBELLO (R.), lieut. 85e l.

LARAMÉ, lieutenant 66e de ligne.

LAROCHE, lieutenant 3e lanciers.

LAUSSUCQ, lieutenant guides.

LAUZIÈRE, lieutenant 3e grenadiers.

LEDELET, lieutenant 2e lanciers.

LEGRAND, officier d'administration.

LEROND (E.), capitaine 7e hussards.

LOUGÈRE, sous-lieutenant 3e lanciers.

LUCCINÉ, lieutenant 55e de ligne.

LEQUEL, sous-lieutenant 55e de ligne.

LURBOUX, capitaine cuirassiers garde.

MATHIEU (C.), capitaine 2e lanciers.

MAYTH (L.), capitaine train équipages.

MICHEL, chirurgien do batail. 1er gronad.

MORAND, capitaine 3e grenadiers.

MORIN, capitaine 12e dragons.

NAUDIN, sous-lieutenant 67e de ligne.

NICOL, lieutenant 54e de ligne.

PARANT, capitaine 84e de ligne.

PAULIAC (E.), lieutenant 55e de ligne.

PEIRRE, sous-lieutenant 5e chasseurs.

PELLISIER, lieutenant 17e d'artillerie.

PELLETAN (L.), sous-lieutenant 2e de lig.

PELTRISON (X.), sous-lieutenant 5e d'art.

PESSON (E.), lieutenant 3e lanciers.

PETETOT, lieutenant 55e de ligne.

PIGNAUT, sous-lieutenant cuirassiers.

PINS (R. de), sous-lieutenant 12e drag.

PINSON, capitaine 2e de ligne.

POURAILLY, lieutenant 54e de ligne.

PRÊCHEUR, lieutenant 54e de ligne.

RAMON, capitaine du train.

RAVIEZ (G.), vétér. 2e guides garde.

REBOUX, lieutenant 23e de ligne.

REGNARD (G.), sous-lieutenant 41e ligne.

REMOND, officier d'administration.

RENAU, lieutenant 51e de ligne.

RENOUX, lieutenant 50e de ligne.

ROBERT, lieutenant 8e de ligne.

ROBERT, lieutenant 55e de ligne.

ROQUES, capitaine cuirassiers garde.

SAUTERIVE, capitaine 92e de ligne.

SCHAEFFER, capitaine 23e de ligne.

SCHESON, lieutenant 55e de ligne.

SINEAU (Ch. de), musicien 77e de ligne.

SONTHORAX, sous-lieutenant 66e de ligne.

SOVAUDUN (A.), officier d'administration.

SUIRE, capitaine 54e de ligne.

TIERSONNIER, lieut.-colonel état-major.

TINEL, lieutenant 3e grenadiers.

THEILLIER (E.), lieutenant 20e chasseurs.

TOREZ-LASOULT, sous-lieut. 3e lanciers.

URGUELTI, capitaine 3e lanciers.

VADON, capit. adjud.-major 67e de ligne.

VALETTE (F.), capit. à l'ex-26e de ligne.

VIRITON, lieutenant artillerie.

VUILLIEN, capit.-comm. 8e batt. 20e art.

ZABERN, sous-lieutenant 54e de ligne.

Cette protestation, qui fut approuvée par de nombreux adhérents dont nous avons fait entrer les noms dans le classement qui précède, fut citée par le Journal *le Drapeau*.

Il la commenta en ces termes :

« Cette lettre contient deux choses distinctes : l'énonciation d'un fait inexact; l'affirmation d'une doctrine vraie.

» Le fait inexact, c'est la prétendue manœuvre bonapartiste, ayant pour objet une *restauration impériale, secondée par l'armée française prisonnière en Allemagne.* Nous avons déjà fait ressortir tout ce qu'il y a de puéril dans une pareille invention. La république et l'orléanisme seuls ont besoin, pour s'établir, de la force ou de la ruse, car ils n'ont jamais osé se présenter devant le suffrage universel. Les institutions impériales, au contraire, reposent uniquement, exclusivement sur la souveraineté nationale. Le suffrage direct du peuple est leur base, leur raison d'être ; elles n'ont jamais existé que par lui ; et elles abdiqueraient, si elles pouvaient, un instant, accepter une autre origine.

» Ou l'empire sera de nouveau par le vote direct du peuple, ou il ne sera pas.

» La doctrine vraie, logique, honnête, contenue dans la lettre des officiers français, c'est celle au nom de laquelle ils déclarent qu'ils ne s'associeront pas à une entreprise *qui serait contraire à la volonté de la nation.*

» Nous ne saurions louer trop haut une semblable profession de foi, qui est celle de tous les bons citoyens, qui a toujours été, qui sera toujours la nôtre. C'est l'honneur de l'armée française d'avoir toujours été l'armée de la France, de ses institutions, de son drapeau.

» C'est donc avec bonheur, mais sans aucune surprise, que nous reproduisons la lettre adressée à *l'Indépendance.* Nous comptons que lorsque la France, régulièrement consultée, aura fait connaître par la voix du peuple les institutions sous lesquelles elle entend vivre, les braves et honorables officiers qui ont signé cette lettre se rangeront tous sous le drapeau qu'aura arboré *la volonté de la nation.*

» Nous ne croyons pas trop présumer de la loyauté de *l'In-*

dépendance belge, en espérant qu'elle voudra bien reproduire nos explications. »

A cette théorie aussi fausse que subversive, *l'Indépendance* réplique :

Le Drapeau fait appel à notre loyauté. Il nous demande de reproduire les explications qu'il donne à ses lecteurs au sujet des protestations des officiers français, internés en Allemagne, contre les projets de restauration impériale. Nous allons donner au *Drapeau* satisfaction complète, plus complète peut-être qu'il ne s'y attend.

Voici le début de son article :

« *L'Indépendance belge* avait annoncé avec quelque apparat
» une *protestation* contre les doctrines du *Drapeau* et de l'em-
» pire, signée par un grand nombre d'officiers français, pri-
» sonniers en Allemagne. Le fait en lui-même nous semblait
» peu probable; car les doctrines politiques du *Drapeau* et de
» l'empire consistent à attribuer à la nation seule, regulière-
» ment et directement consultée par voie de plébiscite, le droit
» de disposer d'elle, et de se donner les institutions que le
» peuple juge les meilleures.
» En dehors des institutions nées du suffrage universel, il
» n'y a plus que les institutions nées de la ruse ou de la
» force, et il·ne nous paraissait pas croyable que de telles
» institutions trouvassent du crédit dans l'esprit des officiers
» français. »

Nous ne nous étions pas trompés dans notre appréciation ; ce n'est pas une *protestation*, c'est une *adhésion* formelle aux doctrines du *Drapeau* que *l'Indépendance* nous apporte.

« Après ce préambule, le *Drapeau* publie la première protestation qui ait paru dans nos colonnes, c'est-à-dire la lettre
datée de Hambourg, 2 décembre 1870. et signée par 158 officiers français, parmi lesquels M. le comte de Chanaleilles,
général de brigade et deux autres généraux. Cette lettre, il
la commente en ces termes : (voir la protestation page 7).

» Si le *Drapeau* veut à son tour faire preuve d'une loyauté
quelconque, il ne se contentera pas d'avoir choisi une des
protestations qui nous ont été adressées, et, dans cette protestation, d'avoir choisi une phrase, pour en torturer le sens,
et en tirer une conclusion diamétralement opposée à la pensée des signataires, à savoir une adhésion formelle aux doctrines de l'empire et du *Drapeau*. Il reproduira toutes les
protestations et toutes les signatures et notamment cette
autre lettre de Hambourg qui a paru dans notre numéro
d'hier et qui se termine par le cri de : Vive la république !

» Pour notre part, nous ne croyons pas avoir assez fait
pour le *Drapeau*, et puisqu'il trouve des adhésions à ses doctrines, dans les déclarations de nombreux officiers qui, pour
manifester leur sentiment, ont adopté une formule générale,
mais d'une signification très-précise pour tout homme de
bonne foi, il nous saura gré sans doute de lui fournir d'autres occasions de triompher.

. . . .

» Le *Drapeau* essaie de nous amener à une polémique avec
lui. Il nous fait toutes sortes d'avances. Allusions, insinuations, altérations surtout, — car ce paraît être le procédé
favori du *Drapeau* de prendre un bout de phrase, de l'arran-
ger, de le déranger plutôt, de le torturer de mille façons,
pour en tirer le contraire de ce qu'on y a voulu mettre, —
enfin il n'épargne rien pour se faire discuter. Peut-être même
ne demanderait-il pas mieux que de nous mettre en colère.

Peine perdue que tout cela. Nous ne ferons pas de polémique avec *le Drapeau*, et nous nous bornerons à continuer la publication de nos listes de protestations contre la restauration de l'empire, de ces protestations que M. Granier de Cassagnac transforme si comiquement en adhésions à sa politique et aux doctrines impériales.

" Quant aux innombrables lettres d'officiers prisonniers qui affluent de plus belle dans nos bureaux, et dont le but est de protester tout spécialement contre *le Drapeau* et ses tendances, nous offrons à ce journal de lui mettre sous les yeux les originaux même de ces lettres, afin de le convaincre complétement.

" *Le Drapeau* voudrait bien opposer protestation à protestation, et il ne serait pas fâché de recueillir des adhésions plus formelles que celles qu'il prétend trouver dans nos colonnes. Il commence aujourd'hui une publication d'un véritable intérêt. Il donne le texte d'UNE lettre d'UN capitaine au 4e voltigeurs de la garde impériale, qui s'abonne au *Drapeau* et fait profession de bonapartisme en son nom et au nom de *quatre* officiers de la garde, et il assure qu'il a reçu de l'armée prisonnière en Allemagne de nombreuses lettres du même genre. Espérons qu'il n'hésitera pas à les publier toutes. Il sera curieux de comparer, au sein de l'armée, les forces de l'impérialisme aux forces qui se sont détachées de lui avec horreur et dégoût. Jusqu'à présent, le contingent du bonapartisme dans l'armée prisonnière se réduit à CINQ officiers de la garde, qui se déclarent " prêts à mourir " pour la cause que défend *le Drapeau*, pour la restauration de l'empire (1). Les cinq de l'impérialisme sont-ils appelés au même avenir que les cinq de l'opposition au Corps Législatif ? Nous verrons bien. "

---

(1) Voilà cinq militaires bien aveugles et bien compromis.

BAD-NAUHEIM.

« 15 décembre 1870.

Déjà beaucoup de nos camarades ont eu recours à votre obligeance pour vous prier d'insérer une protestation qui est dans l'esprit de tous et à laquelle les soussignés s'associent de cœur et d'âme.

Signataires :

Cucu, vétérinaire, 5ᵉ chasseurs.
Delatte, lieut.-colonel 17ᵉ artillerie.
Gaillot, sous-lieutenant 96ᵉ de ligne.
Guette (de la), comm. 64ᵉ de ligne.
Lacombe, commandant 73ᵉ de ligne.
Maitrot, sous-lieutenant 18ᵉ do ligne.

Maurin, sous-lieutenant 1ᵉʳ tirailleurs.
Soguard, sous-lieutenant 1ᵉʳ tirailleurs.
Rocher, commandant 18ᵉ de ligne.
Sturralde, commandant 33ᵉ de ligne.
Vidal, chef de bataillon 91ᵉ de ligne.

BENDORF.

« Bendorf (près de Coblence), 17 décembre.

Ne pas adhérer hautement aux protestations publiées déjà, serait donner aux fauteurs de propagande bonapartiste le bénéfice de notre silence et entretenir leurs illusions.

Prisonniers de guerre, nous suivons, avec le sentiment douloureux de notre inutilité présente, les énergiques efforts des hommes qui se consacrent à la défense de la patrie. Là sont nos sympathies et nos vœux.

Quant à ceux qui comptent sur les malheurs de la France pour lui imposer un gouvernement qu'elle seule a le droit de choisir, ils ne nous auront pas pour complices.

Signataires :

ADAM, capitaine 69e de ligne.
ASTIER, chef de bataillon 9e de ligne.
BOBILLIER, capitaine état-major.
COUDRE, chef de bataillon 9e de ligne.
DROUET, sous-lieutenant 69e ligne.
DUMORD, capitaine état-major.
GAILLOT, lieutenant 16e artillerie.
KIOFFER, commandant 95e ligne.

KLEIN, lieutenant 16e artillerie.
LE LEURCH, lieutenant 69e de ligne.
MAGAUZA, chef de bataillon 28e de ligne.
MARION, colonel 6e artillerie.
PATILLON, capitaine 16e artillerie.
PEPIN, capitaine 16e artillerie.
PERRIN, capitaine 69e de ligne.
SEJOURNÉ, chef de bataillon 28e de ligne.

BONN.

« Bonn, 10 décembre.

Permettez-nous d'appeler votre attention sur les faits suivants.

A la suite de la capitulation de Metz, la plupart des commandants de corps d'armée, au lieu de se rendre à Wilhelmshœhe, leur résidence naturelle, ont été répartis, par l'ordre du roi Guillaume, dans les différentes villes d'Allemagne, les uns à Mayence, les autres à Bonn ou à Cologne.

Quelque temps après, les officiers de toutes armes, depuis le grade de capitaine jusqu'à celui de général de division, commençaient à recevoir gratis les numéros d'un journal récemment créé, dont vous avez flétri les tendances antinationales et qu'un sentiment de pudeur nous empêche de nommer. Malgré les réclamations de beaucoup d'entre nous, cet injurieux envoi n'a pas cessé, et la poste prussienne continue à nous apporter chaque jour un énorme ballot de cette marchandise.

Enfin, depuis quelques jours, un monsieur décoré et bien mis, circule dans Bonn et va de cercle en cercle. Les uns disent que c'est un ancien diplomate, les autres, que c'est un négociant retiré des affaires, mais personne ne connaît exactement sa provenance, et l'on se demande, quand les Français qui voyagent en Allemagne sont considérés comme espions, par quelle faveur spéciale et par quelle intervention toute-puissante, ce monsieur a pu obtenir un sauf-conduit.

En rapprochant ces faits, il nous a paru, monsieur le rédacteur en chef, qu'ils n'étaient pas — les deux derniers surtout, sans avoir quelque part aux menées dont votre correspondant de Londres accuse le parti bonapartiste, et nous avons pensé qu'il ne serait peut-être pas sans utilité de les porter à la connaissance du public.

Victimes de l'impéritie ou réduits par la trahison à l'impuissance, nous voulons du moins, autant qu'il est en nous, faire acte de patriotisme, en protestant avec indignation contre les manœuvres employées pour discréditer dans l'armée les hommes au cœur fort qui ont entrepris de sauver le pays, et pour préparer, par l'invective et la calomnie, une restauration qui serait une guerre civile.

Nous pouvons être divisés d'opinion, mais en ce moment, nous appartenons tous au parti de la défense nationale, et quand nous reprendrons notre épée, ce sera pour faire respecter les décisions du suffrage universel.

Agréez, monsieur le rédacteur en chef, etc.

Signataires :

CAILLOT, chef de bataillon 76e de ligne.
CHARLES, sous-lieutenant 1er gren. garde.
CHERY DE BELLECOUCHE, cap. 58e de ligne.
DARDIER, lieutenant-colonel 20e de ligne.
DAVOINE, lieutenant 3e tirailleurs algér.
BRAUNECK (DE), chef de bat. 76e de ligne.
ESSELIN, chef d'escadron 4e lanciers.
FRANCIS, lieutenant 58e de ligne.

GELLET, lieutenant-colonel 3e de ligne.
GODELIER, capitaine d'état-major.
KASSLER, lieutenant 93e de ligne.
MANCEAU, capitaine 93e de ligne.
MARTIN, colonel 6e cuirassiers.
MARTIN, sous-lieutenant 58e de ligne.
PÉTIET, lieutenant-colonel 6e cuirassiers.
ROLLIN, chef d'escadron 7e cuirassiers.

BRÊME.

---

10 décembre 1870.

J'ai l'honneur de vous faire parvenir une protestation signée par la majeure partie des officiers internés à Brême.

Nous avons recours à votre obligeance pour la livrer à la publicité.

Recevez, monsieur le rédacteur en chef, etc.

(Signé) CHABAL,

lieutenant du génie.

Signataires :

ANDREAU, capitaine 1er régiment garde.
BAILLAND (DE), lieutenant 3e rég. garde.
BELIN, capitaine artillerie garde.
BENOIT, lieutenant 1er régiment garde.
BOISMARD, lieutenant grenadiers garde.
CAILLET, lieutenant 18e artillerie.
CAILLO, capitaine d'état-major.
CERAGIOLI, lieutenant zouaves garde.
CHABAL, lieutenant 1er régiment garde.
CHEVALIER, lieutenant 14e de ligne.
COMPAGNON, lieutenant 1er rég. garde.
COMPAS, lieutenant 1er régiment garde.
CONSTANT, capitaine artillerie garde.
DALSTEIN, lieutenant 1er rég. garde.
DENDELEUX, cap. adj.-maj. 3e gren. garde.

DENISE, capitaine chass. à cheval garde.
DESANCIÈRES, lieutenant carabiniers.
DESBORDES, lieutenant 1er rég. garde.
DETALLE, lieutenant grenadiers garde.
DROULIN, lieutenant grenadiers garde.
DROULIN (X.), lieut. chas. à cheval garde.
FALLOT, lieutenant carabiniers.
FORGUES, sous-lieutenant 2e gren. garde.
GIEULES, lieutenant 1er voltigeurs garde.
GUERS, lieutenant 1er régiment garde.
HAFFEN, lieutenant 1er régiment garde.
JAUDON, capitaine 2e grenadiers garde.
LAM, sous-lieutenant chas. à pied garde.
LAMBERT, lieutenant 18e artillerie.
LE BLANC, sous-lieut. 1er voltig. garde.

2

Le Bouteiller, capitaine artillerie garde.
Lys (de), lieutenant 3ᵉ régiment garde.
Magron, lieutenant artillerie garde.
Marie, lieutenant artillerie garde.
Marie, élève de l'école d'application.
Massias, capitaine 2ᵉ grenadiers garde.
Martener, capitaine d'état-major.
Michel, sous-lieutenant 1ᵉʳ voltig. garde.
Niox, capitaine d'état-major.
Palix, sous-lieutenant grenadiers garde.
Péronnet, sous-lieut. 1ᵉʳ voltig. garde.
Petit, sous-lieutenant 2ᵉ chass. à cheval.

Piquet, lieutenant 1ᵉʳ régiment garde.
Pourtois, sous-lieut., 2ᵉ grenad. garde.
Pozzo-di-Borgo, cap. adj.-maj. 70ᵉ ligne.
Reméré, lieutenant chass. cheval garde.
Richez, lieutenant carabiniers.
Rivière, capitaine chass. cheval garde.
Roncé, capitaine artillerie garde.
Rondeau, capitaine d'état-major.
Rouvray, lieutenant 2ᵉ chasseurs.
Wiart, vétérinaire, 3ᵉ régim. artillerie.
Wilmet, lieutenant 3ᵉ régiment garde.

« Brème, 16 décembre 1870.

» Monsieur le rédacteur en chef de L'INDÉPENDANCE.

» Il ne nous convient pas de faire de déclaration politique; nous affirmons seulement notre dévouement à la France et nos sympathies pour l'énergique et sublime résistance de notre pays. Trahis par la fortune et condamnés à l'inaction, nous envoyons un souvenir et un encouragement à ceux qui, plus heureux que nous, peuvent encore défendre le sol de la patrie.

» Nous ne pouvons avoir rien de commun, quoi qu'ils en disent, avec ceux qui, dans un intérêt dynastique nullement déguisé, semblent applaudir au courage des jeunes armées de la France, tandis que, d'un autre côté, par leurs écrits quotidiens, ils cherchent à briser leur vigueur en leur enlevant l'espoir du succès et s'efforcent de paralyser l'action des hommes dont l'énergique patriotisme a su organiser la défense. »

Signataires :

ANDREAU, capitaine génie.

BAILLARD (de), lieutenant 3e génie.

BAURET, sous-lieutenant 13e artillerie.

BENOIT, lieutenant 1er génie.

BERNARD, cap. adj.-maj. 3e grenadiers.

BIOURD, (G.), s.-l. gard. mob. Seine.

BOULIECH, capitaine 2e grenadiers.

CERAGIOLI, lieutenant zouaves garde.

CHABAL, lieutenant 1er génie.

COMPAGNON, lieutenant génie.

COMPAS, lieutenant 1er génie.

DEBORDES, lieutenant génie.

DENDELEUX, capitaine 3e grenadiers.

DENISE, capitaine chasseurs à cheval.

DROULIN, sous-lieutenant 67e de ligne.

FALLOT, lieutenant de cuirassiers.

FORGUES, s.-l. gard. mob. (Gers.)

GAUGAIN, lieutenant chasseurs à cheval.

GIEUBS, sous-lieutenant 1er voltigeurs.

GUERS, sous-lieutenant 1er génie.

HAFFEN, lieutenant 1er génie.

JAUDON, capitaine 2e grenadiers.

LAMBERT, sous-lieutenant 18e artillerie.

LAMM, sous-lieutenant chasseurs à cheval.

LE BLANC, sous-lieutenant 1er voltigeurs.

MAGRON, lieutenant artillerie.

MARTENER, capitaine état-major.

PALLIX, sous-lieutenant 2e grenadiers.

PIQUET, lieutenant génie.

PEROUNET, s.-l. 1er voltigeurs.

POZZO DI BORGO, capitaine 110e de ligne.

REMÉRÉ, lieutenant chasseurs garde.

RICHEZ, lieutenant carabiniers.

ROBERT, lieutenant 1er génie.

RONDOT, capitaine état-major.

SOUSSELIER, lieutenant 2e grenadiers.

VIAR, vétérinaire 19e artillerie.

BRESLAU.

———

« Breslau, 27 novembre 1870.

» Monsieur le rédacteur en chef de L'INDÉPENDANCE.

» En présence des odieuses prétentions du parti bonapartiste, nous avons cru de notre devoir de sortir de la réserve
dans laquelle nous étions restés jusqu'à ce jour, pour protester de toutes nos forces contre les calomnieuses insinuations
des conspirateurs de Wilhelmshœhe. Nos cœurs et nos bras
sont à la France, et nous considérons comme un crime toute
tentative qui aurait pour but de faire violence à sa volonté
souveraine.

» Nous espérons, monsieur le rédacteur en chef, que vous
voudrez bien donner à l'Adresse qui suit la plus grande publicité possible, en l'insérant dans votre journal.

» Nous espérons aussi que notre cri d'indignation sera entendu par nos frères d'armes prisonniers en Allemagne, et
que, comme nous, ils assureront notre chère patrie de leur
dévouement.

» Veuillez agréer, monsieur le rédacteur en chef, etc. »

La protestation à laquelle cette lettre fait allusion est celle
suivánte :

Sa place naturelle étant ici, nous la faisons suivre des noms de ses signataires et de ses adhérents.

« Magdebourg, 2 décembre 1870.

» A l'heure des efforts héroïques du pays, il ne faut pas qu'une inquiétude énerve les espérances.

» Le parti bonapartiste parle d'une restauration secondée par nous ; c'est une illusion ou une calomnie.

» Que les défenseurs de notre chère patrie le sachent bien, l'armée française n'appartient qu'à la France, la France seule pourra en disposer.

» Les volontés de la nation seront nos ordres.

» Puisse le serment d'obéissance que nous lui faisons ici, être son encouragement dans le présent et sa sécurité pour l'avenir.

Signataires :

ARNOULD, sous-lieutenant 86ᵉ de ligne.
BAILLI, capitaine 3ᵉ régiment génie.
BARESTEL, sous-lieutenant 53ᵉ de ligne.
BEDOULA, sous-lieut. 2ᵉ régiment de ligne.
BELLEFOND (M. de), s.-l. 18ᵉ de ligne.
BESANÇON, lieut. 2ᵉ régiment génie.
BIROARD, lieut. 2ᵉ régiment génie.
BONADE, lieutenant 96ᵉ de ligne.
BORMET, sous-lieutenant génie.
BOUGOZ (L.) s.-l. 30ᵉ régiment de ligne.
BOGARD, sous-lieutenant génie.
CASENAVE, sous-lieutenant 89ᵉ de ligne.
CAMPI (J.), lieutenant 27ᵉ de ligne.
CANARD, lieutenant 3ᵉ régiment de génie.
CHATÉLAIN, lieutenant 27ᵉ de ligne.
CHENU, lieutenant 89ᵉ de ligne.
CHIFFAUD, lieutenant 27ᵉ de ligne.
CIVELLE, s.-l. 27ᵉ régiment de ligne.
CLOPIN, lieutenant 86ᵉ de ligne.
COLIN, lieutenant 27ᵉ de ligne.
CROSSE, lieutenant 27ᵉ de ligne.

CROUZET, capitaine 86ᵉ de ligne.
CUPILARD, capitaine 86ᵉ de ligne.
DAGNIAC, sous-lieutenant génie.
DARDEUNE, capitaine 3ᵉ régiment génie.
DARTEIN (de), capitaine 52ᵉ de ligne.
DEFLIN, lieutenant 86ᵉ de ligne.
DELAUPIQUET, lieutenant 86ᵉ de ligne.
DEMANGE, capitaine 76ᵉ de ligne.
DEVAU, lieutenant 96ᵉ de ligne.
DOMINIQUE, lieutenant 96ᵉ de ligne.
DUREAU (Th.), ch. de musique 50ᵉ de l.
GACHET, lieutenant 30ᵉ de ligne.
GILET, capitaine 76ᵉ de ligne.
GODARD, lieutenant 30ᵉ de ligne.
GRASSET (A.), capitaine 2ᵉ de ligne.
GRILLION, (de), lieutenant 27ᵉ de ligne.
GUINEZ, lieutenant 96ᵉ de ligne.
HENNON, lieutenant 27ᵉ de ligne.
HENRIQUET, capitaine 52ᵉ de ligne.
HERSON, lieutenant 2ᵉ de ligne.
HUARD, lieutenant 50ᵉ de ligne.

3 décembre 1870.

A Monsieur le rédacteur en chef de L'INDÉPENDANCE.

J'ai l'honneur d'avoir recours à votre excessive obligeance pour vous prier de vouloir bien faire parvenir les quelques lignes suivantes à M. le rédacteur en chef du nouveau journal *le Drapeau* dont on nous *inonde gratuitement* depuis trois jours.

Je ne puis savoir le nom du chef de cette propagande, puisqu'il ne se trouve pas sur *le Drapeau*, dont aucun des articles n'est signé du reste.

Ce journal est *très-généralement* fort mal reçu ici par nous tous. Pour ma part, je tiens essentiellement à ne plus le recevoir.

Veuillez agréer, etc.

RAOULD DE CORNULIER-LUCINIER.
capitaine au 14ᵉ de ligne,
prisonnier de guerre à Breslau. »

———

Voici maintenant la lettre qu'accompagnait le billet qu'on vient de lire :

« Breslau (Silésie), 4 décembre 1870.

» *A M. le rédacteur en chef du journal* LE DRAPEAU.

Monsieur le rédacteur en chef.

J'ai l'honneur de vous remercier de m'avoir adressé trois exemplaires de votre journal *le Drapeau*. Mais ne partageant en aucune façon les idées que sa rédaction cherche à répandre, je vous prie de cesser désormais tout envoi de ce genre à mon adresse.

Je ne puis concevoir comment un *journal français,* qui prétend s'adresser à l'armée prisonnière, ose ouvertement accuser le *général Trochu d'avoir trahi la France.*

» Si vous vous permettiez d'émettre cette idée dans Paris, surtout en ce moment, il est certain qu'elle y serait bien mal reçue. Jusques à présent, *seuls* les journaux de Belleville n'avaient pas craint de propager cette honteuse calomnie.

Vous n'avez aucune chance de succès auprès de notre malheureuse armée, permettez-moi de vous le dire, si vous persistez à répandre les idées qui nous blessent tous et qu'aucun de nous ne partage.

Livré à ses propres moyens, privé de toutes ressources, au moment où l'opinion gémissait au sujet de la honteuse capitulation de Sedan, le général Trochu a su armer Paris, en rendre les abords terribles à nos ennemis, y former une armée et y organiser magnifiquement la défense qui fait de Paris un boulevard imprenable.

Les traîtres d'ordinaire n'agissent pas de cette façon.

Quant au feuilleton du journal *le Drapeau,* il donne, il est vrai, fort exactement les dates précises des déplacements du quartier général.

Mais pourquoi n'ajoute-t-il pas que les 30 et 31 août, nous n'avons reçu aucune distribution et que le 1er septembre au soir, il y avait *trois* jours que nous ne recevions ni pain, ni viande, ni café, ni biscuit. Dans la retraite du 31 août de Mouzon-sur-Sedan, nous avons employé 12 heures consécutives pour faire 18 kilomètres (de minuit à midi); bien entendu sans avoir une minute pour que le soldat se reposât. Or nous savons tous qu'il est plus fatigant de marcher pendant 12 heures au *pas de procession,* que de marcher le même temps en faisant

10 lieues. Quand l'Empereur s'est-il montré à l'armée ? *Jamais.*
Personne, dans tout le 12ᵉ corps, ne l'a aperçu le jour de
Sedan.

Si jamais il a fallu lutter de vitesse avec un ennemi dont
l'activité était merveilleuse, c'est bien dans cette campagne !
Mais, au lieu de cela, nous n'avancions pas, et nous perdions
à plaisir notre temps.

Toutes ces idées ne sont pas, je le sais, dans le sens de
votre propagande, mais elles n'en sont pas moins vraies
cependant ; aussi je doute beaucoup qu'elles aient quelque
chance d'être accueillies par la rédaction du *Drapeau.*

Veuillez agréer, Monsieur le rédacteur en chef, l'assurance
de ma considération.

RAOUL DE CORNULIER-LUCINIER,

capitaine au 14ᵉ de ligne,
prisonnier de guerre à Breslau.

« A plusieurs reprises déjà, disait l'*Indépendance,* nous
avons fait allusion aux nombreuses lettres qui nous étaient
adressées par des officiers français, prisonniers de guerre,
impatients de protester publiquement contre toute pensée de
restauration bonapartiste et d'opposer un démenti catégorique
aux assertions de ceux qui, soit crainte, soit espoir, repré-
sentent déjà l'armée française prisonnière comme un complice
acquis à cette odieuse machination. La plupart de ces lettres
sont signées. Les officiers et les soldats qui nous les ont adressées nous en ont instamment demandé l'insertion.

» Nos lecteurs pourront se rendre compte des sentiments
qu'inspire l'impérialisme à cette armée française, que l'on con-
sidérait autrefois comme sa principale force et son plus solide
appui.

» Depuis quelques jours, d'autres communications nous sont faites par des officiers français.

» Il se publie à Bruxelles un journal dont nous avons eu occasion de dire quelques mots, et dont le but avoué est de pousser à la restauration de l'empire, et d'associer à ce projet les officiers et soldats français internés en Allemagne. Nous avons nommé *le Drapeau*, qui a pour rédacteur en chef M. Granier de Cassagnac. *Le Drapeau* est envoyé par masse et gratuitement à tous les prisonniers français. Il est intéressant de savoir quel accueil il en a reçu.

» Chaque jour nous recevons une foule de lettres qui montrent que M. Granier de Cassagnac s'est complétement trompé, et que sa propagande bonapartiste n'obtient aucun succès. *Le Drapeau* de l'impérialisme n'a décidément plus rien de commun avec le drapeau de la France, et l'armée française refuse de s'y rallier.

» Nous tenons à mettre sous les yeux de nos lecteurs quelques échantillons de ces lettres, qui nous viennent d'Allemagne depuis l'apparition du *Drapeau*, et son envoi gratuit aux prisonniers de guerre.

Non, jamais le drapeau impérial n'a été le drapeau de la France, l'armée le sait, elle en est bien convaincue aujourd'hui; le drapeau de Wilhelmshœhe, qui porte l'aigle, est désormais le symbole de la trahison et de la lâcheté. La France entière rougit de l'avoir suivi pendant dix-huit ans; elle l'a brisé pour toujours.

COBLENCE.

« Coblence, le 9 décembre 1870.

" *A M. le Rédacteur en chef de* L'INDÉPENDANCE.

" Les soussignés, officiers français internés à Coblence, n'ont pas encore reçu d'exemplaires du journal le *Drapeau* comme leurs camarades des autres villes d'Allemagne ; mais s'attendant à être tôt ou tard l'objet d'une attention analogue de la part de la rédaction de cette feuille bonapartiste, ils éprouvent le besoin de protester d'avance et hautement contre la qualification de traîtres, donnée par ce journal aux héroïques et derniers défenseurs de notre patrie. . . . . "

Signataires :

LANG, c. des franc-tir. de la Meurthe.
PEROTTES DESLANDES, lieutenant 2e ligne.
GROSSET, HENRY, lieutenants 2e de ligne.
MOLINS, sous-lieutenant 2e de ligne.
FOREST, capitaine 2e de ligne.
BOURIN, capitaine 12e chasseurs à cheval.
JOURDAIN, lieutenant 20e de ligne.
PAMELARD, lieutenant 59e de ligne.
MEDUS, lieutenant 2e de ligne.
FROGÉ, lieutenant 24e de ligne.
CLANET, lieutenant 59e de ligne.

HERCKERT, sous-lieutenant 2e de ligne.
COLLIER, lieutenant 24e de ligne.
MORIN, sous-lieutenant 59e de ligne.
DE LONGON, sous-lieutenant 2e de ligne.
BALDENWECK, sous-lieutenant 1er génie.
TAILHAN, sous-lieutenant 1er génie.
PAYSAN, capitaine 59e de ligne.
VAGNAIR, capitaine de la mobile.
DE VAULX D'ACHY, c. de la mobile.
DOPPFER, capitaine de la mobile.
BENA, sous-lieutenant de la mobile.

FRANÇOIS, sous-lieutenant de la mobile.
GAUDRY, lieutenant 62e de ligne.
CROZÈS, lieutenant 86e de ligne.
HENNÉ, capitaine 44e de ligne.
PELISSIER, lieutenant 1er génie.
BLANCHARD, l. de la mobile de la Moselle.
PETIBON, sous-lieutenant 1er génie.
CLINCHARD, lieutenant 1er génie.
BEAU, sous-lieutenant 1er génie.
TÉZÉNAS, lieutenant 1er génie.
FLAMAND, c. de la mob. de la Meurthe.
PORTE, capitaine 19e de ligne.
DE THÈZE, s.-l. 12e chasseurs à cheval.
GUILLOUZIE, capitaine 5e hussards.
CHEVALIER, s.-l. 12e chasseurs à cheval.
DAIGNEY, lieutenant 86e de ligne.
JACQUES, s.-l. 12e chasseurs à cheval.
D'AIGREMONT c. 11e chasseurs à pied.
SENEZ, sous-lieutenant 5e hussards.
PROVOST, sous-lieutenant 5e hussards.
GAT, lieutenant 12e chasseurs à cheval.
BEAU, capitaine 7e lanciers.
PERRIN, vétérinaire.
ARMBRUSTER, lieut. 15e chasseurs à pied.
LATAPPY, lieut. 15e chasseurs à pied.
TUSOLI, lieut. 15e chasseurs à pied.
BOUYER, lieut. 16e chasseurs à pied.
PERRIN, sous-lieutenant 55e de ligne.
VOUAUX, capitaine du génie.
ORCEL, lieutenant d'artillerie.
CARUEL, capitaine du génie.
BAILLY, capitaine du génie.
FILHON, sous-lieutenant du génie.
DUBRUY, lieutenant d'artillerie.
LEFÈVRE, capitaine 8e dragons.
HAYDACKER, lieutenant 29e de ligne.
MORETIN, lieutenant 7e de ligne.
PETREZ, lieutenant de la mobile.
ESPIERRE, sous-lieutenant 59e de ligne.
DUBOURDEAU, s.-l. 59e de ligne
PAZET, sous-lieutenant 17e d'artillerie.
PAPILLON, sous-lieutenant 2e dragons.
MARTIGNY, sous-lieutenant 81e de ligne.
ROUSSET, sous-lieutenant 1er d'artillerie.
BLANDINIÈRES sous-lieutenant 60e ligne.
L'HÉRITIER DE CHAZELLE, s.-l. au train.
DANIEL, sous-lieutenant 24e ligne.

CATINOT, sous-lieutenant 60e de ligne.
CLERC, sous-lieutenant 29e de ligne.
LAFONT, porte-drapeau 7e de ligne.
CHIRIS, sous-lieutenant 63e de ligne.
FELIP, s.-l. 15e batterie de chasseurs.
POTU, s.-l. 14e batterie de chasseurs.
PERRIER, sous-lieutenant 7e de ligne.
DELAUNAY, sous-lieutenant 90e de ligne.
SCHEFFTER, sous-lieutenant 90e de ligne.
BACH, sous-lieutenant 7e de ligne.
ICART, officier-payeur 44e de ligne.
BRANDNER, sous-lieutenant 24e de ligne.
BOLER, sous-lieutenant 29e de ligne.
MENDES, capitaine du génie.
BRUNET, lieutenant 29e de ligne.
ALEXIS, sous-lieutenant 78e de ligne.
JONQUIÈRE, sous-lieutenant 59e de ligne.
DAUTHEUIL, s.-l. 19e bat. de chasseurs.
ALLESSANDRI, sous-lieutenant 60e ligne.
HENRIOT, sous-lieutenant 24e de ligne.
GARÉ, sous-lieutenant 60e de ligne.
CONTAULT, sous-lieutenant 1er de ligne.
BROULAND, s.-l au 4e b. de la garde mob.
   des Vosges.
MONNIER, sous-lieutenant 24e de ligne.
HUIN, sous-lieutenant 24e de ligne.
COUSSAND-DULLIÉ, s.-l. 18e de ligne.
PALLIÈS, sous-lieutenant 24e de ligne.
GODFRIN, sous-lieutenant 49e de ligne.
DOUCET, sous-lieutenant 88e de ligne.
BEGIN, sous-lieutenant 71e de ligne.
FOURNIER, sous-lieutenant 48e de ligne.
BORDIER, sous-lieutenant 81e de ligne.
BARONNET, s.-l. 1er bataillon du train.
BOUTÈSE, sous-lieutenant 24e de ligne.
AUBERT, sous-lieutenant 24e de ligne.
DENJEAN, sous-lieutenant 44e de ligne.
CHARPENTIER, vétérin. 1er bat. du train.
DAUDÉ, sous-lieutenant 24e de ligne.
HORGÉ, sous-lieutenant 24e de ligne.
ETIENNE, s.-l. garde mobile des Vosges.
NOIROT, sous-lieutenant 24e de ligne.
OLIVIER, sous-lieutenant 44e de ligne.
SERGENT, vétérinaire 8e d'artillerie.
HERBIN, sous-lieutenant 24e de ligne.
BOUSQUET, sous-lieutenant 95e de ligne.
DUBOS, sous-lieutenant d'état-major.

DAVAILLE, sous-lieutenant 69e de ligne.
BOUCHER, s.-l. ouv. const. et équip. mil.
HAIBLET, vétérinaire 5e dragons.
FOUQUÉ, sous-lieutenant 95e de ligne.
MINETTE, vétérinaire 17e d'artillerie.
BOUTIGNY, lieutenant 80· de ligne.
ROUVIER, lieutenant 60e de ligne.
SOLVA, lieutenant 60e de ligne.
SIMONIN, sous-lieutenant 90e de ligne.
BURGUET, sous-lieutenant 19e ligne.
SPITIQUE, sous-lieutenant 90e de ligne.
COLOMBAIN, sous-lieutenant 90e de ligne.
DASSONVILLE, chef. de mus. 90e de ligne.
RIDET, sous-lieutenant 71e de ligne.
BOURSON, capitaine 24e de ligee.
STUTE, lieutenant 60e de ligne.
DAUNIS, capitaine 60e de ligne.
ITHURRALDE, lieutenant 60e de ligne.
VOULET, sous-lieutenant 60e de ligne.
MARATUEL, capitaine 19e de ligne.
PARMENTIER, capitaine 71e de ligne.
MORVANT, lieutenant 71e de ligne.
GILLET, lieutenant 18e de ligne.
BLAISE, sous-lieutenant garde mobile.
FOURCHON, lieutenant 60e de ligne.
PANIEL, adjudant 63e de ligne.
MÉLUS, adjudant 16e d'artillerie.
GUENEDAL (LE), lieutenant 40e de ligne.
SARRANTE, sous-lieutenant 40e de ligne.
SOREZ, lieutenant 63e de ligne.
PASQUIER, lieutenant 46e de ligne.
CHAMPANHET, lieutenant 46e de ligne.
BOUTARIE, sous-lieutenant 60e de ligne.
DIAS, chef de musique 24e de ligne.
ARNOUL, adjudant 16e d'artillerie.
BUTZ, adjudant 16e d'artillerie
MEURGEY, sous-chef de mus. 63e de ligne.
JUDE, sous-lieutenant 24e de ligne.
NUNDAUN, capitaine 16e d'artillerie.
BUCHINGER, sous-lieutenant 63e de ligne.
MARÉCHAL, lieutenant 63e de ligne.
MESNY, capitaine 59e de ligue.
DERCY, sous-lieutenant 59e de ligne.
MIOCHE, sous-lieutenant 59e de ligne.
SELVES (DE), capitaine 85e de ligne.
ROECKEL, lieutenant 24e de ligne.
EYNAND DE FAY, s.-l. garde mobile.

BOGET, sous lieutenant 59e de ligne.
BLANCHET, lieutenant garde mobile.
BRETON, lieutenant 80e de ligne.
ROYER, lieutenant 50e de ligne.
CLAUDEL, lieut. g. mob. 4e bat. Vosges.
CAEL, lieut. g. mob. 4e bat. Vosges.
KUNTZ, s.-l. g. mob. 4e bat. Vosges.
DEMANGE, s.-l. g. mob. 4e bat. Vosges.
STEIB, lieut. g. mob. 4e bat. Vosges.
JARDEL, capitaine 8e dragons.
JARDEL, capit. g. mob. Vosges 4e bat.
COMON, capit. g. mob. Vosges 4e bat.
CANGE, capitaine 69e de ligne.
ETIENNE, s.-l. garde mobile Vosges.
FERRY, s.-l. garde mobile Vosges.
DUFRESNE, lieutenant 30e de ligne.
ROUSSEL, capitaine 11e de ligne.
ADRIEU, sous-lieutenant 29e de ligne.
LEROY, capitaine 25e de ligne.
LECOMTE, capitaine garde mobile.
DELORD, lieutenant 19e de ligne.
MARTINET, lieutenant 19e de ligne.
ABADIE, lieutenant 19e de ligne.
FRANCEY, capitaine 80e de ligne.
LACROIX, capitaine 24e de ligne.
BELLENGER, capitaine 44e de ligne.
CAPON, vétérinaire 1er régiment train.
TAPIE, vétérinaire 8e dragons.
FORGE, capitaine 74e de ligne.
SIMONIN, capitaine garde mobile.
HAFFNER, commandant 44e de ligne.
PICAVET, capitaine 1er du génie.
LEMARDELEI, capitaine 1er du génie.
FLAMBARD, capitaine 1er du génie.
GACHE, capitaine 29e de ligne.
BAZAINE, sous-lieutenant 90e de ligne.
DESBLANC, sous-lieutenant 80e de ligne.
LECOMTE (C.), lieutenant 1er du génie.
CUNY (A.) lieutenant 59e de ligne.
DANTEC, lieutenant 59e de ligne.
ROCA, capitaine 60e de ligne.
SOUBEYRAND, capitaine 60e de ligne.
BALLÉ, sous-lieutenant 60e de ligne.
SOUBEYRAND, sous-lieutenant 66e de ligne.
PROTTE, lieutenant 59e de ligne.
BELLOCHE, s.-l. 7e bat. chass. à pied.
JACOTIN, vétérinaire 11e d'artillerie.

« Coblence, le 9 décembre 1870.

» *A M. le Rédacteur en chef de* l'Indépendance.

Les officiers français soussignés, prisonniers de guerre à Coblence, protestent d'avance, de la manière la plus formelle, contre toute tentative de restauration bonapartiste ou autre qui aurait pour but d'entraver la défense nationale.

Ils déclarent, en outre, qu'ils reconnaissent le gouvernement qui défend actuellement le pays, et non celui qui l'a livré sans défense à l'ennemi.

Signataires :

Dubois (J.), major d'artillerie.
Leveillé, chef d'escadron d'artillerie.
Stilz, capitaine d'artillerie.
Zaepffel, adjudant-major 1er d'art.
Bernard (A.), sous-lieutenant garde m.
Noel, chef de bataillon 29e de ligne.
Mondès (V.), capitaine de génie.
Fourier, chef de bataillon 24e de ligne.
Le Coispellier, chef de bataillon génie.
Bourgeot. capitaine du génie.
Buchniger, sous-lieutenant 63e de ligne.
Michaux (G.), capitaine d'artillerie.
Maréchal (J.), lieutenant 63e de ligne.
T... (*Illisible*), officier 44e de ligne.
Roch (A.), capitaine adjud.-major 44e l.
E... (*Illisible*), capitaine garde mobile.
Béna (A.), sous-lieutenant garde mobile.
De Vaulx..., capitaine garde mobile.

Ch. Da... (*Illisible*), capit. adj.-m. d'ar.
M... (*Illisible*), sous-lieutenant 54e ligne.
Rieu, capitaine 75e de ligne.
Servières (L.), lieutenant 95e de ligne.
Jacquiliat, lieutenant 95e de ligne.
Galaul, sous-lieutenant 95e de ligne.
Maucet, sous-lieutenant 80e de ligne.
Marula (L.), capitaine 63e de ligne.
Piton, sous-lieutenant 63e de ligne.
Gille, sous-lieutenant 63e de ligne.
Chezelles (L. de), sous-lieutenant train.
Bittard du Cluzeau, lieut. 63e de ligne.
Lecuin, capitaine d'artillerie.
Ac... (*Illisible*), lieutenant d'artillerie.
Guirian, lieutenant d'artillerie.
Boucheron, vétérinaire.
Lam (A.), sous-lieutenant.
Sarrazin, lieutenant 30e de ligne.

« Coblence, le 13 décembre 1870.

« *Monsieur le Rédacteur en chef de* L'INDÉPENDANCE.

« Les soussignés ont l'honneur de vous prier bien instamment de vouloir insérer leur énergique protestation contre les machinations ténébreuses de l'homme de Sedan, et contre toute espèce de restauration du gouvernement napoléonien, si honteusement tombé.

« Agréez, Monsieur le Rédacteur en chef, etc. »

Signataires :

LAMBLOT, capitaine 51e de ligne.
FERRIÉ (F.), lieutenant 51e de ligne.

VALLET, sous-lieutenant, 51e de ligne.

« Coblence, 15 décembre 1870.

« Les officiers français soussignés, prisonniers de guerre à Coblence, protestent d'avance de la manière la plus formelle contre toute tentative de restauration bonapartiste et autre qui aurait pour but d'entraver la défense nationale.

« Ils déclarent, en outre, reconnaître le gouvernement qui défend actuellement le pays et non celui qui l'a livré sans défense à l'ennemi. »

Signataires :

MANGIN, lieutenant-colonel d'artillerie.
HURSTEL, chef d'escadron.
PANIS, capitaine 68e de ligne.

MONDET, capitaine 68e de ligne.
LACROIX, capitaine 68e de ligne.
MONTREFET, lieutenant 49e de ligne.

Bon, chef de musique 40ᵉ de ligne.

Sorel, lieutenant 63ᵉ de ligne.

Porez, lieutenant 63ᵉ de ligne.

Sainaut, sous-lieutenant 40ᵉ de ligne.

Le Guénédal, lieutenant 40ᵉ de ligne.

Haeusslein, capit. garde m. Bas-Rhin.

Lux, capit. garde mob. du Bas-Rhin.

Colin (N.), sous-lieutenant 40ᵉ de ligne.

Challet (A.), lieutenant 40ᵉ de ligne.

Girard (C.), lieutenant 1ᵉʳ train d'artill.

Chavent (A.), sous-lieutenant 40ᵉ ligne.

Bouzet, sous-lieutenant 40ᵉ de ligne.

Méteix, sous-lieutenant 40ᵉ de ligne.

Cavanat (P.), sous-lieut. 40ᵉ de ligne.

Duplastre, sous-lieutenant 40ᵉ ligne.

Lorthioy, sous-lieutenant 40ᵉ de ligne.

Deschamps, capitaine 16ᵉ d'artillerie.

Nussbaum, (G.), capitaine 16ᵉ d'artill.

Foissy, capitaine 44ᵉ de ligne.

Stévenin, lieutenant de gendarmerie.

Proye, capitaine de gendarmerie.

Belner, capitaine.

Lordat, capitaine 60ᵉ de ligne.

Rogues, capitaine de place.

Brunn, capitaine 60ᵉ de ligne.

Borie, lieutenant 60ᵉ de ligne.

Fages, capitaine 74ᵉ de ligne.

Clerc, capitaine 74ᵉ de ligne.

Bellenger, capitaine 44ᵉ de ligne.

Barthélemy, capitaine d'artillerie.

Ladarré, officier d'administration.

Barbé, capitaine 40ᵉ de ligne.

Bermède, capitaine 40ᵉ de ligne.

Chauvaud, capitaine train d'artillerie.

COLOGNE.

Un officier de la garde, qui tient à ce que le corps auquel il appartient ne soit pas soupçonné d'adhérer à la politique du *Drapeau*, nous écrit une lettre dont voici les premiers paragraphes :

« Cologne, 8 décembre 1870.

» Monsieur le Directeur,

» Parmi les lettres nombreuses envoyées à votre estimable journal pour protester contre les tendances de la feuille qui s'intitule *le Drapeau*, je ne vois aucune signature d'officier de la garde.

» Ce silence peut donner à espérer qu'elle accepterait comme un devoir toute tentative de restauration napoléonienne.

» Je viens protester énergiquement contre toute pensée de ce genre et je suis certain d'être l'interprète des sentiments de tous mes camarades.

» Nos drapeaux avaient été enlevés, ou plutôt volés, pour être livrés comme tout le reste ; nous les avons détruits... ils ne figureront pas, comme ceux de nos malheureux camarades de la ligne, sur la promenade des Tilleuls à Berlin. En brisant ces aigles et en brûlant ces glorieux débris de Crimée et d'Italie, nous avons rompu les liens qui nous unissaient au gouvernement impérial, dont la criminelle imprévoyance a causé la honte de l'armée et la ruine de la patrie.

> » MEYRET,
> » Capitaine au 1ᵉʳ voltigeurs de la garde. »

Sont-ce bien là des adhésions formelles aux doctrines du *Drapeau* et de l'empire? Des adhésions, nous en avons, à la vérité, mais voici dans quels termes elles se produisent :

> « Cologne, le 10 décembre.

» Monsieur le Rédacteur,

» A quoi pensent donc les prisonniers français qui ne veulent pas recevoir le journal *le Drapeau?* Comment, cet organe du 2 décembre pousse la gentillesse jusqu'à nous parler de la patrie absente, à nous faire des sermons sur l'honneur militaire, la sainteté du serment, et ils ne sont pas contents!

» Ils ne veulent pas que monsieur ? de ? Cassagnac nous fasse entrevoir, dans les brumes de l'avenir, les sauveurs de la société, de la propriété, de la religion et de je ne sais plus quoi, rentrant en France dans les fourgons prussiens ! Et qui donc se serait jamais douté que « le 2 décembre a été un loyal » appel au peuple, et le 4 septembre une œuvre de violence, » si Cassagnac-Colomb ne l'avait, dans son *Drapeau*, dûment enregistré!...

» Un journal est toujours utile à quelque chose... Depuis que j'ai vu des esprits sérieux, inconsolables des malheurs de la patrie, se dérider au récit des choses folichonnes que nous conte si bien l'honorable ci-devant représentant du Gers, je soutiens que si tous les prisonniers français étaient consultés par un plébiscite *ad hoc*, 7,300,000 voix répondraient avec votre serviteur : Oui, nous voulons recevoir *le Drapeau* de Cassagnac !

» BATTINI,

» Sous-lieutenant au 14e de ligne,
interné à Cologne. »

Cette fois *le Drapeau* doit être satisfait et surtout convaincu.

———

A M. le Rédacteur en chef de L'INDÉPENDANCE.

« Cologne, le 9 décembre 1870.

» Monsieur le Rédacteur,

» Il est peut-être bon que l'on se compte au moment où nous sommes. C'est pourquoi je viens vous prier de vouloir bien ajouter mon nom à la liste de ceux de mes camarades qui repoussent, de toute leur énergie, la pensée de se faire les complices d'une tentative de restauration bonapartiste.

» J'espère que si mon nom tombe ainsi sous les yeux de M. Granier de Cassagnac, le rédacteur en chef du *Drapeau* reconnaîtra qu'il perdrait son temps, sa peine et son papier à me continuer plus longtemps l'envoi de son journal.

» Veuillez agréer, monsieur le Rédacteur, avec mes remercîments, l'assurance de ma parfaite considération,

» GILLET,
» Capitaine au 3ᵉ régiment de tirailleurs algériens. »

« Cologne, le 9 décembre 1870.

» *A M. le Rédacteur en chef de* L'INDÉPENDANCE.

» Comme réponse à une propagande insensée, nous avons l'honneur de vous envoyer communication de la lettre que nous adressons au rédacteur en chef du journal *le Drapeau.*

» Nous vous prions de vouloir bien insérer notre protestation contre les manœuvres de cette feuille.

» Agréez, M. le Rédacteur en chef, etc. »

« Cologne, le 9 décembre 1870.

» A M. le Rédacteur en chef du journal *le Drapeau.*

» Depuis quelques jours arrive à profusion et gratuitement, à l'adresse des officiers prisonniers de guerre, un nouveau journal intitulé « le Drapeau. » Ayant été compris dans cette distribution, nous avons l'honneur de vous prier de bien vouloir la faire cesser, en ce qui nous concerne.

» Nous ne pouvons nous empêcher de trouver étrange la prétention qu'a votre feuille de représenter les idées de notre malheureuse armée, et d'engager ainsi notre complicité morale dans des intrigues que nous réprouvons de toute la force de notre patriotisme.

» Nous tenons à vous dire que nous honorons, dans le gouvernement de la défense nationale et dans le général Trochu, les efforts héroïques tentés pour rétablir l'honneur de la France compromis par les défaillances de Sedan, les mensonges et la honte de Metz.

» Vous vous abusez étrangement en comptant pouvoir disposer de nos consciences et en espérant que nous commettrons l'infamie de tendre la main à l'envahisseur de notre pays pour l'aider à triompher de la courageuse et patriotique résistance de nos compatriotes. L'armée appartient à la France et elle obéira au gouvernement qu'elle se donnera.

» Moins que tout autre, monsieur, vous devriez vous attribuer la mission de nous conseiller, car en nous reportant au titre de votre journal, nous serions peut-être autorisés à vous demander où vos conseils ont conduit le drapeau de la France?

» Recevez, monsieur, etc. »

« Cologne, 10 décembre.

» *A M. le Rédacteur en chef de* L'NDÉPENDANCE.

» Les officiers français, soussignés, prisonniers à Cologne, sont résolus à ne prêter jamais et sous aucun prétexte leur concours à une restauration de la famille impériale. »

Signataires :

GOUZY, capitaine com. 1re batt. 18e d'art.
KOMPROBST, capitaine 2e d'artillerie.
NICOLET, lieutenant 2e d'artillerie.

BOURGNEUF (A.), capitaine d'artillerie.
G... (*Illisible*), capitaine d'artillerie.
WATIGNY, capitaine d'artillerie.

A adhéré à la protestation ci-dessus :

CADIOT (J.), officier 1er grenadiers (prisonnier de g. à Bochum, Westphalie.)

A adhéré à la protestation de Hambourg, insérée le 9 :

VIOLET, capit. adjud.-major 63e de ligne (prisonnier de guerre à Hambourg).

COTTBUS.

« Cottbus, 14 décembre.

„ Les officiers français internés à Cottbus, exclusivement animés du sentiment patriotique, déclarent hautement repousser avec l'indignation la plus méprisante tout concours aux intrigues d'agents sans mandat qui tendent à représenter les officiers français en Allemagne comme disposés à favoriser à main armée une tentative violente de restauration impériale. »

. . . .

Signataires :

MADOLINE, capitaine 28e de ligne.	FERRAND, sous-lieutenant 26e de ligne.
CHAVE, capitaine 26e de ligne.	DUBON, capitaine 15e d'artillerie.
BOUROUX, capitaine 91e de ligne.	DUBAN, lieutenant 4e de ligne.
DORANT, capitaine 9e dragons.	GAMEL, sous-lieutenant 9e dragons.
QUIROT, sous-lieutenant 94e de ligne.	LAURET, capitaine 15e d'artillerie.
DEMANGE, sous-lieutenant 94e de ligne.	BOYER, capitaine 18e d'artillerie.
LAPIPE, sous-lieutenant 94e de ligne.	CANONIER, capitaine 94e de ligne.
LECOURBE, sous-lieutenant 28e de ligne.	PARISET, capitaine 1er dragons.
BAYARD, lieutenant 9e dragons.	LHOMME, capitaine 9e dragons.
SECKLER, sous-lieutenant 9e dragons.	MÉNOT, lieutenant 9e dragons.
VIGNE, capitaine 9e de ligne.	LARRIEU, sous-lieutenant 9e dragons.
ANOULH, chef de bataillon 94e de ligne.	PERROT, lieutenant 9e dragons.
GASTION, capitaine 9e dragons.	TRIOZON, lieutenant 91e de ligne.
SAINT-JAMES, sous-lieutenant 26e de lig.	HOUDARD, sous-lieutenant 91e de ligne.

IZAURE, capitaine 1er dragons.

TOUSSAINT, sous-lieutenant 9e dragons.

MERLE, sous-lieutenant 9e dragons.

VERGONECY, sous-lieutenant 9e dragons.

MERCIOLLES, lieutenant 9e dragons.

ROUDLOFF, lieutenant 75e de ligne.

JOSSIEUX, lieutenant 75e de ligne.

ROUSSELLE, capitaine 94e de ligne.

MARTIN, sous-lieutenant 75e de ligne.

DUFOUR, chef de musique 75e de ligne.

MEHA, sous-lieutenant 75e de ligne.

DUFFAND, sous-lieutenant 91e de ligne.

TALLET, sous-lieutenant 91e de ligne.

HUSSON, sous-lieutenant 91e de ligne.

SAINT-GUILY, sous-lieutenant 91e de l.

GIORDAN, sous-lieutenant 75e de ligne.

ABOUT, lieutenant 15e d'artillerie.

HURELLE, lieutenant 94e de ligne.

LUNET, lieutenant 25e de ligne.

CLARIS, lieutenant 18e d'artillerie.

PILLIARD, chef de musique 25e de ligne.

DÉGONCE, sous-lieutenant 25e de ligne.

PASTEUR, sous-lieutenant 25e de ligne.

LEGARDEUR, lieutenant 70e de ligne.

LEGROS, lieutenant 70e de ligne.

JARROUSSE, sous-lieutenant 4e de ligne.

COBERT, lieutenant 15e d'artillerie.

AUDIBERT, capitaine 9e de ligne.

BASSET, capitaine 94e de ligne.

MOREAU, lieutenant 2e dragons.

DÉRUELLE, lieutenant 2e dragons.

DE SAINT-MAURICE, lieutenant 12e de l.

DARMSTADT.

« Darmstadt, 14 décembre 1870.

» *A M. le Rédacteur en chef de* L'INDÉPENDANCE.

. . . .

» Nous ne savons ce qui se passe dans les conseils impériaux, mais nous protestons énergiquement contre toute idée de concours attribuée aux armées prisonnières en Allemagne : une armée nationale n'est pas une garde prétorienne.

» Contraints par la force ou par la trahison d'assister, les bras croisés, à la plus héroïque des luttes, nos vœux ne sont que pour la France, pour le gouvernement provisoire qui la dirige.

» A eux notre admiration, à la volonté seule du pays notre dévouement absolu.

Signataires :

PEYRONNE (M.), capitaine d'état-major.
WELTER, chef d'escadron artillerie.
SAINTE-BEUVE, chef de bataillon génie.
L'ESPINATZ, capitaine 5e artillerie.
LECLERCQ, capitaine 31e de ligne.
LEPAIGE, capitaine 79e de ligne.
COLOMIEU, lieutenant 8e de ligne.
PUJOL, lieutenant 28e de ligne.

MAGNAN, capitaine 13e artillerie.
PINAULT, capitaine 13e artillerie.
TADINI (DE), capitaine 4e hussards.
MENGAUD, capitaine 18e artillerie.
BELLORGER, capitaine 13e artillerie.
HARTMANN, capitaine 91e de ligne.
CAMPOURCY, lieutenant 40e de ligne.
CARBONNIER (DE), s.-lieut. 31e de ligne.

LESCURE, capitaine 79e de ligne.

RONDOT, lieutenant 8e de ligne.

HARMAND, capitaine 6e cuirassiers.

GARDRIN, capitaine 3e cuirassiers.

MOLLE, capitaine 79e de ligne.

RENAULT, capitaine 79e de ligne.

LIEBICH, lieutenant 9e dragons.

TUAILLON, lieutenant 5e lanciers.

PROD'HOMME, lieutenant 4e chass. d'Afr.

MARCHET, capitaine 4e hussards.

BYANS (DE) capitaine 92e de ligne.

KNOL, chef de musique 79e de ligne.

GÉNAN, lieutenant 2e cuirassiers.

LARNAC, lieutenant 13e artillerie.

MORIN, capitaine 79e de ligne.

GRAS, lieutenant 6e de ligne.

VITALIS, capitaine 79e de ligne

ARNAL, lieutenant 4e hussards.

ARÈNE, lieutenant 1er hussards.

GIRARDET, capitaine 40e de ligne.

DANEY DE MARCILHAC, cap. 79e de ligne.

LEQUIN, sous-lieutenant 79e de ligne.

BEN-SALAH, s.-lieutenant 3e tirailleurs.

PELTREAU, sous-lieutenant 79e de ligne.

BIZAC, lieutenant 74e de ligne.

PROBST, capitaine 7e lanciers.

GUYOT, sous-lieutenant 79e de ligne.

FERQUE (DE), capitaine 79e de ligne.

TRIBOLET, lieutenant 79e de ligne.

FOUCAUD, capitaine 79e de ligne.

TRUILLET, capitaine 90e de ligne.

TOUSSENEL, capitaine 6e cuirassiers.

MAUSSION (DE), lieutenant d'inf. marine.

ZENI, capitaine 31e de ligne.

CARNAUSE, capitaine 3e chass. d'Afr.

OUDRI, lieutenant 31e de ligne.

DORTET (H), lieutenant 40e de ligne.

CASTANDET, lieutenant 65e de ligne.

MARLIER, capitaine 4e hussards.

STEPHANOPOLI, lieutenant 62e de ligne.

VILLERS (B. DE) lieut. d'inf. marine.

FILIPPI, cap. adj.-maj. 79e de ligne.

ERFURT.

« Erfurt, 14 novembre 1870.

« *A M. le Rédacteur en chef de* L'INDÉPENDANCE.

» En réponse aux insinuations qui tendent à présenter l'armée prisonnière comme travaillée par des influences de parti, nous tenons à protester.

» Nos seuls vœux sont pour ceux qui veulent délivrer la France et organisent la défense.

» Notre seul regret est de ne pouvoir joindre nos efforts aux leurs et d'être réduits à l'impuissance, par suite d'un désastre dont nous déclinons toute responsabilité. »

Signataires :

RIFF (A.), capitaine d'artillerie.
LÉQUET, lieutenant d'artillerie.
MOREAU (E.), capitaine d'artillerie.
WARNER, officier.
D'HARICOURT, capitaine d'état-major.
LEROUX (P.), lieutenant d'artillerie.
COURTIER, lieutenant d'artillerie.
GUINARD, capitaine 74ᵉ de ligne.
MOURRENCQ, officier 74ᵉ de ligne.
STÉCHEN, sous-lieutenant.
BURNOUF, sous-lieutenant 74ᵉ de ligne.

MATTEI, s.-lieut. 13ᵉ batt. de ch. à pied.
HEISSINGER (J.), lieut. au train d'artill.
NATTARD (A.), lieutenant 74ᵉ de ligne.
GIOTTI, sous-lieutenant 74ᵉ de ligne.
ARGOND, sous-lieutenant 84ᵉ de ligne.
FERLICOT, sous-lieutenant.
GARIES (C.), sous-lieutenant 84ᵉ de ligne.
DAPALLU (S.), sous-lieut. 7ᵉ de ligne.
GAILHAUDON, s.-l. 16ᵉ bat. de ch. à pied.
DELAPORTE (M.), capitaine du génie.
D'AGINCOURT (J.), lieutenant du génie.

MARTIN, capitaine du génie.
FOURNEL (E.), lieutenant 7e de ligne.
DURAN, off. 16e batt. de chass. à pied.
CHAMSEY, off. 16e batt. de chass. à pied.
SALVIGNOL, off. 17e batt. de chass. à pied.
LECOINTE-DESILES, of. 16e bat. de ch. à p.
MOURAN, off. 16e batt. de chass. à pied.
DUCORON, officier 4e régiment de ligne.
CORBIÈRE, lieut. 17e bat. de chass. à pied.
THALER, capitaine 1er rég. de zouaves.
HORNY, cap. 16e rég. de chass. à pied.
SEUPEL, cap. 1er régiment de zouaves.
BRICAUT, cap. 16e batt. de chass. à pied.
VAGANAY (A.), cap. 1er rég. de zouaves.
MOULINIER (L.). officier 50e de ligne.
VERIÉS (V.), cap. 16e bat. de chas. à pied.
DUPPUI, vétérinaire 10e rég. d'artillerie.
POLI (A.), lieutenant 16e de ligne.
MONTHOGE, lieutenant 16e de ligne.
MANO, capitaine 1er de ligne.
VOUTTIER, sous-lieut. 6e de ligne.
VINCENT (L.), capitaine 7e de ligne.
LECOMTE, capitaine du génie.
THIERRY, capitaine des tirailleurs.
LENOIR (M.), capitaine du génie.
PONTÉCOULANT (A. DE), cap. d'état-major 1er tirailleurs algériens.
THOMAS, capitaine 1er tirailleurs algér.
BERAUD, capitaine tirailleurs.
WULFRAN (J., sous-lieutenant 10e d'art.
GAILHOUET, capitaine artillerie.
BEUTAERTS, lieutenant 50e de ligne.
DEUEFF, lieutenant 12e artillerie.
POUCHELON, garde artillerie.
PILSET, garde artillerie.
RIDING (J.), garde artillerie.
AVERO, officier 9e artillerie.

JACQUES, officier 4e chasseurs Afrique.
COLIN (G.), officier artillerie.
GENGOULT, officier 34e de ligne.
GERMAIN, officier d'administration.
BENOIN (E.), officier d'administration.
ARIÉS (E.), officier.
ALCON (H.), chef de bataillon 35e de ligne.
CARIN, officier 10e artillerie.
PELSEUR (C.), officier.
HENNEQUIN, officier du génie.
FRETECH, officier du génie.
PREHASSOC, officier du génie.
LHÉRITIER, officier du génie.
LABORDE, capitaine 45e de ligne.
ARVERL, officier du génie.
SALETA, officier du génie.
GARCIER, officier du génie.
MILLO, sous-lieutenant 18e de ligne.
TORCHET (L.), sous-lieutenant 67e ligne.
NEUVEUX, capitaine 2e train artillerie.
GRENIER (H.), cap. comm. 4e chass. Afr.
DAUDONNÉ, capitaine 2e artillerie.
PARIS, capitaine 4e chasseurs d'Afrique.
WASMER, officier.
SENEPART, sous-lieut. 16e bat. chass. pied.
THALINGER, capitaine 2e train artillerie.
POTIER, capitaine 2e train artillerie.
PERIES, capitaine 2e train artillerie.
BROUILLARD, capitaine 2e train artillerie.
PELLOUX, capitaine 2e train artillerie.
DUBOIS, lieutenant 7e de ligne.
HIVERT, lieutenant 7e de ligne.
WEISSE, sous-lieutenant 7e de ligne.
DAMÉLINCOURT, capitaine 96e de ligne.
DUPUIS, vétérinaire.
VINCENT, capitaine 7e de ligne.

« Erfurt, le 8 décembre 1870.

" L'indescriptible douleur d'assister, impuissante, à la dévastation de sa malheureuse patrie n'était donc pas suffisante pour l'armée française !

" Il lui faut subir une épreuve plus pénible encore. On voudrait faire planer sur son honneur les plus outrageants soupçons, en admettant la possibilité de sa coopération à la restauration du pouvoir qui a trahi la France.

" La rédaction anonyme du journal *le Drapeau*, qui nous impose ses exemplaires, aurait dû comprendre qu'après Sedan et Metz, il ne pouvait y avoir dans un cœur vraiment français que deux sentiments : l'amour de la patrie, l'horreur du gouvernement qui l'a livrée à l'ennemi. "

Signataires :

GÉLEZ, chef d'escadron.
VAN SCHALKWYCK DE BOISAULIN (ED.), RAPP, DE MONTCABRIÉ, MARLIEN, GRENIER, ROUX, LECLÈRE, LAFOND et DE BANCAREL, capitaines 1er, 3e, et 4e chass. d'Afrique.
BOYSSON (B. DE), cap. chass. France.
BADENHUYER, JEOFFROY, GROS (P.), BERGEVIN (ED. DE), BOISGUÉHENNEUC (DU), KERGARION (E. DE), LAUNAY et DAUSTEL, lieutenants 1er, 3e et 4e chass. d'Afr.
FRIÉDEL, COURS (DE), RIVOIRE, TARRAGON (DE), ROGUEFEUIL (DE), QUENEAU, HAMÈDE (DE LA), SOLANGES, ROYER, s.-lieut. 1er, 3e et 4e chass. d'Afrique.
VAN SCHALKWYCK (P.), FARALIK, s.-l. cuir.
LÉON, MOREAU, CHAUME, CERF, MICHEL, MANGOU (DE), BELLANOY (DE) et BOYSSON (P. DE), capitaines artillerie.

BRÉON (A. DE), BRÉON (F. DE), LENGLET, GROUARD, THÉVEN-GUÉLERAN, BOHINEUST, CHARDON, BOQUET, REISSINGIER, BOUTIOT, BORTIN, WILFRAM, FOURNEL. DUPALLIER, BERTRAND, MAGOT, BRETTENAC, LÉPARGNEUX, RONDET, AUDEBERT, GOIRAN, LEFILLATRE, lieut. art.
CANTON, lieutenant 3e zouaves.
VALLÉE, lieutenant francs-tirailleurs.
LEFER, capitaine chasseurs.
BERGEVIN (DE), lieutenant.
TRENTE, capitaine garde mobile.
DORDAYGUES (DE) et CADOT (DE), D'ARGENEUIL, sous-lieutenants garde mobile.
LAFOND, BOYSSON (Paul DE) BOYSSON (Bernard DE), et ROYER, officiers.

« Erfurt, 11 décembre.

" *A M. le Rédacteur en chef de* L'INDÉPENDANCE.

" Nous avons l'honneur de vous prier de vouloir bien ajouter nos noms à ceux de nos camarades, prisonniers de guerre en Allemagne, qui ont déjà protesté contre les menées dont une feuille anonyme, *le Drapeau,* cherche à nous rendre les complices.

" Nous sommes les soldats de la France, nos vœux suivent nos frères qui défendent le pays et nous ferons toujours cause commune avec eux. "

Signataires :

PARIGON (A.), capitaine 4ᵉ artillerie.
DARRIET, capitaine 4ᵉ artillerie.
COLARD, lieutenant 4ᵉ artillerie.

LABICHE (L.), lieutenant 4ᵉ artillerie.
LA BOUVERIE, lieutenant 4ᵉ artillerie.
MANCERON, lieutenant 4ᵉ artillerie.

« Erfurt, 12 décembre 1870.

" *A M. le Rédacteur en chef de* L'INDÉPENDANCE.

" En présence de menées dont le but paraît être de disposer de l'armée prisonnière à appuyer une restauration impériale, nous croyons devoir protester contre de pareils projets. " ·

. . . .

Signataires :

RÉALLON, capitaine d'artillerie.
BASSOT, capitaine d'artillerie.
BEAUFILS, lieutenant d'artillerie.
DEVAUX, lieutenant d'artillerie.
VILLARD, lieutenant d'artillerie.
LEFEBVRE, lieutenant d'artillerie.
HINGNE, lieutenant d'artillerie.
BENOIST, vétérinaire.
GÉRARD, comm. de bataillon 6e ligne.
GUFFROY, capit. adjudant-major 6e ligne.
AMFREVILLE (L. D'), com. de bat.94e ligne.
MOREL, major du 60e de ligne.
HARANG, lieutenant d'artillerie.
PLON, capitaine d'artillerie.
ARMAND, capitaine 1er de ligne.
TANDOU, capitaine d'artillerie.
LEFILLICATRE, lieutenant d'artillerie.

BOUILLAUD, s.-l. au train d'artillerie.
ALGAN, chef de bataillon 35e de ligne.
FLATTERS, cap. 10e bat. chass. à pied.
PIERROT, cap. 16 bat. chass. à pied.
WIDENHORN, c. adj.-maj. 16e b. ch. à p.
MASSENET, lieutenant d'artillerie.
DUCELLIEZ, capitaine d'artillerie.
DUBRUEL, capitaine d'artillerie.
LEFROYE, capitaine d'artillerie.
RAFFRON DE VAL, capitaine d'artillerie.
SAVIGNON (E.), lieutenant d'artillerie.
MESSIN (H.), capitaine d'artillerie.
DINGLER (P.), lieutenant d'artillerie.
PELTZER (J), capitaine d'artillerie.
LECOMTE, capitaine du génie.
LENOIR, capitaine du génie.
ARAARS, capitaine du génie.

GIESSEN.

« Giessen, le 11 décembre 1870.

" *A M. le Rédacteur en chef de* L'INDÉPENDANCE.

" Nous tenons à ce que les braves défenseurs de la France envahie sachent que nous ne voulons nous associer en aucune façon à ceux qui rêvent la honteuse utopie d'une restauration bonapartiste, et nous venons protester de toutes nos forces contre le rôle déshonorant que voudraient nous faire jouer ceux qui inspirent les organes de ce parti.

" Soldats, nous appartenons à la France, qui seule peut disposer de nous ; nous n'obéirons jamais qu'au gouvernement qu'elle aura choisi. "

Signataires :

FOUQUET (Ch.), capitaine 73e de ligne.
ROYER (G.), sous-lieut. 44e de ligne.
BELLECOUR (A.), lieutenant 45e ligne.
MARCHAND, sous-lieut. 73e de ligne.
BELLECOUR (B.), lieutenant 1er zouaves.
MOURIE, sous-lieutenant 73e ligne.
MILLET, sous-lieutenant.
JAURÉGUIBERRY (C.), lieut. 54e de ligne.
BERGERON, lieutenant 1er de ligne.
JOUNG (A.), sous-lieut. 1er de ligne.
PIERCY, sous-lieutenant 5e de ligne.
MONNIER, sous-lieutenant 54e de ligne.
CÉLERIER, sous-lieutenant 1er de ligne.
GACHET, lieutenant 1er de ligne.

PAQUET (J.), capitaine 13e de ligne.
FRÉVILLE, sous-lieutenant 48e de ligne.
DELOU (C.), sous-lieutenant 54e de ligne.
HAMON, s.-lieut. 1er train d'artillerie.
CRÉLERGT (J.), sous-lieut. 73e de ligne.
BLOT, lieutenant 1er de ligne.
GIOVANNI, capitaine 1er de ligne.
GAUDIN, capitaine 1er de ligne.
CORRÉARD, capitaine 73e de ligne.
ROLY, sous-lieutenant 22e de ligne.
GANNAT, lieutenant 33e de ligne.
PICOT, sous-lieutenant 21e de ligne.
GUENY, lieutenant 1er d'artillerie.
ROBERT, lieutenant 13e de ligne.

Une autre protestation, venant également de Giessen, est signée par les officiers dont les noms suivent :

HUTIN (A.), capitaine 48ᵉ de ligne.
PEISSON, capitaine 48ᵉ de ligne.
GAUDIN, capitaine 33ᵉ de ligne.
PLO, lieutenant 13ᵉ de ligne.
LUC, sous-lieutenant 1ᵉʳ de ligne.
GRESSET, sous-lieutenant 13ᵉ de ligne.
DESVEAUX (E.), capitaine artillerie.
GUILLERUET (A.), sous-lieut. 27ᵉ ligne.

BILLEREY, sous-lieutenant 33ᵉ de ligne.
CHAMBON, sous-lieutenant 31ᵉ de ligne.
CHÉRIOT, lieutenant d'artillerie.
HELBERT, lieutenant 21ᵉ de ligne.
SCHNEIDER, sous-lieutenant 48ᵉ de ligne.
GASTINÉ, capitaine 1ᵉʳ artillerie.
FALIEU, capit. adj.-major 15ᵉ de ligne.
ROUX, lieutenant 1ᵉʳ tirailleurs.

GLOGAU.

« Glogau, le 10 décembre 1870.

» *A M. le Rédacteur en chef de* L'INDÉPENDANCE.

» Les soussignés, officiers français, prisonniers de guerre, internés à Glogau, protestent de la façon la plus énergique contre les théories émises par *le Drapeau*, journal français, publié à Bruxelles, sous la direction de M. Granier de Cassagnac. »

Signataires :

COVILLE, cap. adj.-major 10e de ligne.
PONE, capitaine 10e de ligne.
LASSAUGUE, lieutenant 10e de ligne.
PEYZET, capitaine 10e de ligne.
BREVILLE, lieutenant 10e de ligne.
CLOCHÉ, lieutenant 10e de ligne.
BERTHELOT, sous-lieut. 10e de ligne.
CUNCHE, sous-lieutenant 10e de ligne.
COUROUX, capitaine 2e lanciers.
FAUCONNET, lieutenant 2e lanciers.
COLOMD D'ÉCOTAY, capitaine 2e ligne.
CHAMPAGNE, capitaine 6e lanciers.
DUHAUTBOURG, capitaine 2e lanciers.
BATTU, lieutenant 10e cuirassiers.
MARIANVAL, capitaine 2e lanciers.

FAUGERON (C.), s.-lieut. 7e cuirassiers.
LASAIGUES, lieutenant 6e d'artillerie.
MALLERET, sous-lieut. 9e de ligne.
PERRET, capitaine 12e de ligne.
FLORENTIN, garde du génie.
MESPLÉ, garde du génie.
BEGUIN, lieutenant 1er dragons.
LICHTENSTEIN (DE),capitaine 1er dragons.
ETIENNE (B.), capitaine 28e de ligne.
SAUVE, capitaine 28e de ligne.
CHASSAING, lieut. 28e de ligne.
BOUILLIE, capitaine 6e lanciers.
GOLBERY (DE), l. gard. mob. Bas-Rhin.
MINNEN (CH.), sous-lieut. 28e de ligne.
GOMBALUT, lieutenant 28e de ligne.

LAPORTE. lieutenant 28e de ligne.
GOUZOU, lieutenant 28e de ligne.
CAPITAIN, capitaine 28e de ligne.
DUVAL, comm. gard. mob. de la Marne.
MOUGEOT, capitaine de gendarmerie.
TRAWITZ, l. gard. mob. du Bas-Rhin.
GABBATIO, sous-lieut. 28e de ligne.
LEMAIRE, sous-lieut. 75e de ligne.
GRUMBACH, officier d'administration.
BILDSTEIN, officier d'administration.
ACQUIER, lieutenant 75e de ligne.
LASSEBILLE, lieutenant 7e cuirassiers.
DEMONSABERT, lieutenant 28e de ligne.
CHANDELLIER, commandant 1er hussards.
NUSSARD, lieutenant 1er lanciers.
HOURBLIN, lieut. gard. mob. de la Marne.
REY, lieutenant 94e de ligne.
BATISTON, sous-lieutenant garde mobile.
MARTIN, capitaine 94e de ligne.
FUGET, capitaine 94e de ligne.
STOFFELBACH, capitaine 94e de ligne.
NOIROT, sous-lieutenant 94e de ligne.
HAMENS, capit. command. de place.
VERON, sous-lieutenant 28e de ligne.
CORNU, capitaine 4e de ligne.
MASSET, capitaine 26e de ligne.
CHAMIO, sous-lieutenant 28e de ligne.
GIOVACCHINI, capitaine 28e de ligne.

GATELET, capitaine 6e lanciers.
MASSON, chef de musique 12e ligne.
TRIPARD, lieutenant 9e de ligne.
MULLER, sous-lieutenant 9e de ligne.
CURIÉ, sous-lieutenant 9e de ligne.
SPEITEL, capitaine 3e spahis.
ROUSSET, sous-lieutenant 70e de ligne.
COURT, sous-lieutenant 26e de ligne.
RECOURZÉ, capitaine 28e de ligne.
LAFAYE, capitaine 12e de ligne.
PERDRIX, capitaine 94e de ligne.
NOQUES, sous-lieutenant 70e de ligne.
GUILLOUX, sous-lieutenant 70e de ligne.
DELAUDES, chef de musique, 70e de ligne.
LEROUX, sous-lieutenant 6e lanciers.
DUFFOUR, sous-lieutenant 6e lanciers.
JOUVE, sous-lieutenant 6e lanciers.
GOUPIL, sous-lieutenant 25e de ligne.
LEY, sous-lieutenant 26e de ligne.
ST-AMAD, capitaine 28e de ligne.
MOUGET, capitaine adj.-major 28e ligne.
GUERRE, capitaine 70e de ligne.
CANDEAUT, capitaine 28e de ligne.
GILLET, lieutenant 75e de ligne.
CLERC, capitaine 28e de ligne.
DUCATEZ, sous-lieutenant 94e de ligne.
GUILLODOT, sous-lieutenant 16e de ligne.

GOERLITZ.

« Goerlitz, 14 décembre 1870.

» Nous nous unissons de toute la force de notre âme et de notre dévouement à la pensée sublime qui soutient et guide les membres de la défense nationale dans leur mission si difficile.

» Soldats de la France, nous sommes bien malheureux de ne pouvoir combattre avec nos braves frères. »

. . . .

Signataires :

Moutiez, capitaine 26e de ligne.
Bonneton, capitaine 93e de ligne.
Lansac, capitaine 100e de ligne.
Levy, capitaine 93e de ligne.
Roques, capitaine 10e de ligne.
Pagneux, capitaine 91e de ligne.
Corne, capitaine 93e de ligne.
Debert, capitaine 93e de ligne.
Bosselut, capitaine 12e de ligne.
Chassin (A.), capitaine 12e de ligne.
Chapelle, capitaine, 28e de ligne.
Husson, capitaine 28e de ligne.
Bénézech (E.), capitaine 10e de ligne.
Combe, capitaine 10e de ligne.
Béloury, capitaine 93e de ligne.
Clair, capitaine 93e de ligne.
Remond, capitaine 100e de ligne.

Hénot, capitaine 100e de ligne.
Volpajola, capitaine 10e de ligne.
Richard, capitaine 10e de ligne.
Ricard, capitaine 12e de ligne.
Bernedac, capitaine 4e d'artillerie.
Lippmann, capitaine 13e d'artillerie.
Descours, capitaine 10e de ligne.
Mathieu, capitaine 94e de ligne.
Missié, copitaine 94e de ligne.
P. Bernard, capitaine 10e de ligne.
Klein, capitaine 91e de ligne.
Lapostolest, capitaine 91e de ligne.
Poirot, capitaine 70e de ligne.
Albert, capitaine 100e de ligne.
Trespaillé, capitaine 4e d'artillerie.
Vinon (H.), capitaine 12e de ligne.
Dubois, capitaine 9e dragons.

GUIBERT (DE), capitaine 7e cuirassiers.
ROLLAND, capitaine 25e de ligne.
PIGALLET, capitaine 25e de ligne.
RAUDOT, capitaine 25e de ligne
GAUTHIER, capitaine 26e de ligne.
CHAUVEAU DE BOURDON, c. 7e cuirassiers.
CHAUMONT (DE), sous-lieut. 7e cuirassiers
PATAILLOT, capitaine 93e de ligne.
GAUTHIER, sous-lieutenant 9e dragons.
CHERIAU, sous-lieutenant 10e de ligne.
CHARPEAU, capitaine 18e d'artillerie.
AIMÉ, sous-lieutenant 100e de ligne.
POIGNOT, sous-lieutenant 28e de ligne.
BRONIKOWSKI D'OPPOLN, l. 4e artillerie.
FINOT, capitaine 4e d'artillerie.
PANTENIER, lieutenant 91e de ligne.
CARRÉ, lieutenant 9e dragons.
AMARZIT (D'), lieutenant 91e de ligne.
GAST, lieutenant 91e de ligne.
BOUIGUES, lieutenant 100e de ligne.
DUFOUR, sous-lieutenant 25e de ligne.
ROCHAS, lieutenant 28e de ligne.
GAIRAUD, lieutenant 9e de ligne.
WEBER, sous-lieutenant 9e de ligne.
MALASPINA, sous-lieutenant 12e de ligne.
GEOFFROY, lieutenant 94e de ligne.
MUTEL, lieutenant 100e de ligne.
CHAUVIN, capitaine 1er dragons.
ROUX-DUFORT, sous-lieut. 1er dragons.
MAZET, sous-lieutenant 9e dragons.
GIRARD, lieutenant 91e de ligne.
BONNAFOUS, capitaine 93e de ligne.
CAVANAC, lieutenant 25e de ligne.
COSTEPLANE, lieutenant 10e de ligne.
POLLINI, lieutenant 12e de ligne.
CHERVILLE (DE), lieut. 91e de ligne.
BONHOURE, lieutenant 2e chasseurs.
GISSELBERGER, sous-lieut. 10e de ligne.
BARRE, lieutenant 94e de ligne.
MONTILLIER, sous-lieut. 25e de ligne.
NICOLAS, lieutenant 98e de ligne.
VALAT, lieutenant 13e d'artillerie.
THOREL, lieutenant 15e d'artillerie.
AUBERT, lieutenant 91e de ligne.
DUBRAULE, lieutenant 91e de ligne.
BIES, sous-lieutenant 91e de ligne.
PONCELET, lieutenant de gendarmerie.

DOR (L.), lieutenant 100e de ligne.
ROUCHEPOUCHIN (G. DE LA), lieut. 7e cuir.
BRUCH, sous-lieutenant 1er dragons.
GUILLEMAIN, lieutenant 13e d'artillerie.
REY, vétérinaire 8e d'artillerie.
DELOR, lieutenant 10e de ligne.
IMMELÉ, lieutenant 10e de ligne.
JULIEN, vétérinaire, 2e bataill. du train.
BERNARDINI, sous-lieut. 93e de ligne.
CAZES, lieutenant 12e de ligne.
BLANCHON, lieutenant 12e de ligne.
HUCK, lieutenant 12e de ligne.
ESPITAILLIER, sous-lieut. 10e de ligne.
NANNER, sous-lieutenant 25e de ligne.
MATHES, sous-lieutenant 25e de ligne.
THIRY, lieutenant 26e de ligne.
MOLCK, lieutenant 26e de ligne.
DEVERAY, sous-lieutenant 26e de ligne.
THOMAS, sous-lieutenant 13e d'artillerie.
DEPLACE, chef de musique 93e de ligne.
GALLY, sous-lieutenant 93e de ligne.
DUCROS, capitaine au train.
BÉNÉZECH, lieutenant 10e de ligne.
DUFORT, sous-lieut. 2e chass. à cheval.
VANNIER, sous-lieutenant 10e de ligne.
BARRIÈRE, sous-lieutenant 12e de ligne.
JUVÉNEL, sous-lieutenant 12e de ligne.
GUÉRILLOT, sous-lieutenant 94e de ligne.
LAJOREST, sous-lieutenant 91e de ligne.
GUILLOUX, lieutenant d'artillerie.
MOREAU, lieutenant 12e de ligne.
CONSTANT, chef de musique 10e de ligne.
MOUYNET, lieutenant 93e de ligne.
COLLIN, lieutenant 100e de ligne.
CHABERT, sous-lieutenant 28e de ligne.
TRINQUIER (G.), sous-lieut. 10e de ligne.
TRUC (S.), sous-lieutenant 10e de ligne.
PISTOYE (DE), lieutenant 14e d'artillerie.
GUYON, lieutenant 10e de ligne.
MANNONÉ, sous-lieutenant 10e de ligne.
GRIEUMARD, sous-lieut. 100e de ligne.
BREUILLON, lieutenant 94e de ligne.
FRANÇOIS (E.), sous lieut. 26e de ligne.
MAILLARD, lieutenant 26e de ligne.
BIRKENKOFD, sous-lieut. 10e de ligne.
LHÉRAUD, sous-lieutenant 10e dragons.
BELLENGUEZ, sous-lieut. 1er dragons.

HALBERSTADT.

« Halberstadt, 5 décembre 1870.

» *M. le Rédacteur en chef de* L'INDÉPENDANCE.

» Le journal *le Drapeau*, dont les premiers numéros sont envoyés gratuitement à la plupart des officiers français prisonniers de guerre en Allemagne, et probablement à un certain nombre de sous-officiers, cherche à tromper l'armée entière comme on a cherché à tromper l'armée de Metz sur l'état social de la France : le désordre y régnerait, la loi aurait perdu toute action, les partis s'y déchireraient et l'armée seule accompagnant l'ex-Empereur pourrait ramener les esprits égarés et faire accepter la paix aux Prussiens.

» Ces manœuvres appellent une protestation : nous l'adressons au *Drapeau* et nous vous prions de l'insérer dans votre estimable journal.

» J'ai l'honneur de vous prier, Monsieur le Rédacteur, d'agréer l'assurance de ma considération distinguée.

» J. MEYSONNIER,

» Capitaine d'artillerie, prisonnier de guerre à Halberstadt. »

Suit le texte de la lettre adressée au *Drapeau*. Elle débute ainsi :

Au *journal* LE DRAPEAU.

« Monsieur le Rédacteur,

» Malgré le droit que vous donnent les lois de la presse en Belgique de taire votre nom, les étranges conseils que vous donnez à l'armée française de la première heure, l'auto- riseraient à exiger une signature. Elle saurait si celui qui s'adresse à elle est un homme loyal, obéissant à des préven- tions contre ceux qui cherchent à sauver la patrie, ou si c'est un homme... »

La fin de la phrase est tellement roide que nous ne voulons pas la reproduire ; mais M. Granier de Cassagnac a la lettre sous les yeux.

M. Meysonnier continue ainsi :

« Vous invitez l'armée, au nom de la discipline et de l'hon- neur, à rester fidèle à son drapeau ! Elle ne l'a point oublié, et c'est pour cela qu'elle ne saurait consentir au métier que vous lui proposez. L'armée française est tombée ; mais son plus grand malheur est l'insulte qu'on ajoute à son infortune. Vous voudriez maintenant que nos frères, nos pères eux- mêmes, protégeant nos foyers, remplissent la noble tâche qui nous était destinée ; maintenant que la France n'est qu'un seul camp dont le mot d'ordre est l'intégrité du territoire ; vous voudriez qu'au mépris de cet héroïsme, nous vinssions ajouter encore aux angoisses de nos compatriotes, en leur laissant penser que, las d'être inutiles et malheu- reux, nous devenons dangereux et lâches, que nous consen- tirions à accompagner en France l'Empereur Napoléon III et à protéger par nos armes ce que vous appelez l'ordre et ce qui serait un coup d'État.

„ Détrompez-vous, Monsieur : retranchés de la vie actuelle par des fautes qui ne furent pas les nôtres, nous comprenons que notre seul devoir est la patience, comme notre seule consolation est l'espérance. Nous sommes et avons toujours été les soldats de la France ; nous admirons de loin ce qui s'y passe et nous ne pouvons entendre sans indignation qualifier de traîtres des hommes qui ont ramassé, pour sauver notre pays, un pouvoir que des mains inhabiles avaient laissé tomber ; qui, en deux mois, ont créé une armée plus nombreuse et une artillerie plus puissante que celles qui sont tombées entre les mains de nos ennemis, qui travaillent sans découragement à ajouter chaque jour de nouvelles pierres à la digue destinée à faire refluer le flot de l'invasion.

„ Enfin, victorieuse ou vaincue, la France seule sera maîtresse de ses destinées. La liberté de son vote aurait tout à craindre de la protection d'une armée prétorienne, et nous protestons contre tout rôle politique que l'on chercherait à faire jouer à l'armée prisonnière en Allemagne.

„ J. Meysonnier. „

Le lendemain, 6 décembre, nous arrivait de Mayence une autre protestation contre *le Drapeau* et ses tendances. Elle était signée des noms que voici :

Lagarde (Baron de), chef d'escadron au 8e lanciers.

Blanchard, capitaine 8e lanciers.

Carré, capitaine 8e lanciers.

« Halberstadt, 11 décembre.

» *A M. le Rédacteur en chef de* L'INDÉPENDANCE.

» Les officiers français soussignés, prisonniers à Halberstadt, protestent hautement contre les maximes et les tendances du journal *le Drapeau*. Ils repoussent comme une insulte le rôle qu'on veut leur faire jouer. Leurs cœurs et leurs vœux sont avec ceux qui, sous le gouvernement de la défense nationale, combattent pour l'honneur et le salut de la France. »

Signataires :

ROCHAT, capitaine 58e ligne.
LOUBET, capitaine 34e ligne.
FERÉ (G. DE), capitaine 34e de ligne.
SAVAVI, lieutenant 34e ligne.
RIVIÈRE (C. DE LA), lieut. 34e ligne.
GARDOT, sous-lieutenant 34e ligne.
DESMAZES, capitaine 34e ligne.
MAGNET (A.), sous-lieutenant 5e ligne.
DUCHESNE, capitaine 5e ligne.
GUITTARD, lieutenant 5e ligne.
ROGUES, capitaine 5e ligne.
COVEREZ, lieutenant 5e ligne.
FAUCHER, capitaine 5e ligne.
KURTZ, capitaine 5e ligne.
GLASSIER, lieutenant 5e ligne.
LETOURNEUR, capitaine 6e cuirassiers.
BENOIT, chef d'escadron 6e cuirassiers.
ELIAS, lieutenant 6e cuirassiers.
FONTANI, lieutenant 6e cuirassiers.
HUMBERT, lieutenant 6e cuirassiers.
PELLERIN, lieutenant 6e cuirassiers.
DE MOZEUX, lieutenant 6e cuirassiers.
VOLF (E.), cap. adj.-maj. 6e cuirass.
CUREL (CH.), capitaine.
SAINT-LÉGER (DE), officier.
ANDIAU, officier 6e cuirassiers.
PASCAUD, officier.
LASALLE, officier.

BRÉMEY, capitaine 58e ligne.
HARAUCOURT, capitaine 58e ligne.
COUSSY, capitaine 88e ligne.
CROQUEX (L.), lieutenant 88e ligne.
MANFREDI (G.), lieutenant 88e ligne.
TROIMAISONS, capit. d'infant. marine.
P.... (*illisible*), lieut. d'infant. marine.
M.... (L.) (*illisible*), off. 1er infant. mar.
S.... (*illisible*), officier 47e ligne.
VAELTAMIET (DE), capitaine 47e ligne.
BLANQ, capitaine 46e ligne.
PUYBUSQUE (DE), capitaine 47e ligne.
LANG (E.), officier 47e ligne.
ARCHIVET (L.), capitaine 49e ligne.
DUTILL, capitaine 47e ligne.
LE FALLOIS, capitaine 47e ligne.
A...QUORT (*illisible*), capitaine 47e ligne.
BÉGOU, capitaine 58e ligne.
HARMAND, capitaine 83e ligne.
CHATEAUBOURG, capitaine 7e lanciers.
DUBÉ, capitaine 4e hussards.
CARLIER, capitaine 47e ligne.
COMEAU (E. DE), capitaine 4e hussards.
HAUBIN, capitaine 83e ligne.
ROU.... (*illisible*), capitaine 83e ligne.
F..... (A.) (*illisible*), sous-lieut. 58e lig.
FEUGIÈRE (L.), officier 58e ligne.
OUDRILLE, sous-lieutenant 58e ligne.

GUITARD (V.), capitaine 47e ligne.
CHARRONNET. capitaine 47e ligne.
BERMOND, sous-lieutenant 82e ligne.
MALICK (B.), sous-lieutenant 58e ligne.
RIBAILLER-DESILE, officier.
HERGAULT (L.), capitaine 58e ligne.
JEANNEROT (J.), capitaine 58e ligne.
DESPORTES (A.), sous-lieut. 5e cuirass.
LACAQUE, sous-lieutenant 58e ligne.
EYRAGUES (D'), sous-lieut. 4e hussards.
DUREAU, lieutenant 34e ligne.
BOURRIOT, lieutenant 34e ligne.
MARÉCHAL, lieutenant 34e ligne.
TIGNOL, lieutenant 34e ligne.
LAFOND, sous-lieutenant 58e ligne.
HERY (Augustin), sous-lieut. 34e ligne.
DERCOURT (G.), capitaine 5e ligne.
POULET, sous-lieutenant 34e ligne.
PERNOT, capitaine 34e ligne.
FLEIG, lieutenant 34e ligne.
CASMIEU, sous-lieutenant 58e ligne.
DENOP, lieutenant 34e ligne.
RENAULT, sous-lieutenant 84e ligne.
FORTIER, lieutenant 6e cuirassiers.
BAUDOUIN, sous-lieut. 4e hussards.
MICHELON, capitaine 5e ligne.
ANDRÉ (C.), lieutenant 58e ligne.
CLUÉREY (J.), capitaine 7e lanciers.
NICOLAS, capitaine 58e ligne.
TEISSIER, capitaine 5e ligne.
DEMONET, sous-lieutenant 7e lanciers.
SALAVILLE (H.), capitaine 53e lanciers.
MONTAGNIÉ, capitaine 53e lanciers.
MICHAU, capitaine 53e lanciers.
MARCHAL (H.), lieutenant 6e cuirass.
MESSIN, lieutenant 6e cuirassiers.
RIVET, lieutenant 6e cuirassiers.

TILLINAC, lieutenant 6e cuirassiers.
GRANGIER, capitaine 6e cuirassiers.
BERTIOT (J.), capitaine 9e artillerie.
GIBOUIN (T.), capitaine d'artillerie.
MEYSSONNIER, capitaine d'artillerie.
LEGOUT, capitaine d'artillerie.
GEORGE, lieutenant 17e artillerie.
TRIDON, lieutenant 12e artillerie.
PRUNAUX (E.), lieutenant 12e artillerie.
COSTE, sous-lieutenant 88e ligne.
LIGIER, lieutenant 6e cuirassiers.
BOILEAU, capitaine 11e ligne.
SOYARD (A.), lieutenant 12e artillerie.
LAMBERT (E.), lieut. 7e artillerie.
HARDY (E.), lieutenant 12e artillerie.
RIVIÈRE (L.), sous-lieut. 9e artillerie.
ETIENNE, sous-lieutenant 12e artillerie.
COLLIN, capitaine 83e ligne.
VILLAMEUR, capitaine 9e ligne.
KLEIN, capitaine 5e ligne.
LAVOYE (T.), capitaine 5e ligne.
LEFOL, capitaine 5e ligne.
MOUTIN, capitaine 5e ligne.
DURAND, lieutenant 58e ligne.
NARCY, lieutenant 58e ligne.
GALTIER, capitaine 58e ligne.
DE LANNOY, sous-lieut. 5e cuirassiers.
WILLIG, sous-lieutenant 5e cuirassiers.
BLOEN (*illisible*), sous-lieut. 1er inf. mar
ROULOT, sous-lieut. 1er infant. marine.
ARNIER, sous-lieut. 1er infant. marine.
DUBOIS, lieutenant. 4e infant. marine.
JOUDERT, sous-lieut. 4e infant. marine.
FERRY, sous-lieut. 4e infant. marine.
VIGNON, sous-lieut. 4e infant. marine.
LEPRIEUR, capitaine 34e ligne.

« Halberstadt, 18 décembre 1870.

» Les soussignés protestent avec énergie contre les idées que le journal *le Drapeau* s'efforce de propager. »

SAMARY, capitaine 53ᵉ de ligne.	DIVOL, capitaine 53ᵉ de ligne.
DENAIN, capitaine 53ᵉ de ligne.	BRACH, capitaine 53ᵉ de ligne.

HAMBOURG.

« Hambourg, le 2 décembre 1870.

" (DEUXIÈME PROTESTATION.)

" L'armée appartient à la France, elle n'appartient pas à un parti. Prisonnière en Allemagne par suite de machinations infâmes et ténébreuses, elle ne saurait oublier la honte des capitulations de Sedan et de Metz; elle répudie toute solidarité avec des chefs qui espéraient et espèrent encore rétablir la dynastie napoléonienne sur les ruines de la nation.

" Elle n'a qu'une seule pensée, celle de voir finir sa captivité pour s'associer aux efforts des nobles défenseurs qui se sont levés et se lèvent encore pour chasser l'étranger, et avec eux elle crie :

" Vive la République ! Vive la France ! "

Signataires :

FALLE, capitaine com. 2ᵉ chass. d'Afrique.	SABOT (C), sous-lieutenant 2ᵉ chass. d'Af.
COILLOT, capitaine com. 7ᵉ bat. 20ᵉ artill.	HAZELONG (A), sous-lieut. 2ᵉ chass. d'Af.
FOUCHER, capitaine d'état-major.	BUGEAUD, capitaine 2ᵉ chass. d'Afrique.
RESTIGNAC (A. DE), cap. 2ᵉ chass. d'Afr.	CARRON, lieutenant 2ᵉ chass. d'Afrique.
BOYÉ, capitaine guides.	LAGARDE (G), lieutenant 2ᵉ chass. d'Afr.
HAPPICH, capitaine com. 2ᵉ chass. d'Af.	REDON, capitaine 2ᵉ chasseurs d'Afrique.

ESVEIN, lieutenant de gendarmerie.
LATOUR (P.), sous-lieutenant lanc. garde.
VUILLIN, capitaine 20e rég. d'artillerie.
FONTAINE, capitaine du génie.
SADOUX, capitaine du génie.
VELAT, lieutenant du génie.
CHOPPIN (N.) sous-lieutenant 3e dragons.
LABORY, capitaine aux guides.
COURLIN (J.), lieutenant du génie.
VALANTIN, sous-lieutenant 10e bataillon.
PICARD, sous-lieutenant 55e de ligne.
LOUVEL DE MAUREAR, s.-l. 10e bat. chass.
DERRÉCAGAN, capitaine d'état-major.
MÉDARD, lieutenant 66e de ligne.
MAVILL, (DE) capitaine 77e de ligne.
CECCALDI, lieutenant 66e de ligne.

CLEMENTI, sous-lieutenant 84e de ligne.
AMADIS, capitaine 67e de ligne.
PALLOX, vétérinaire en 1er au 7e cuirass.
GRAVELLE, lieutenant d'art. de l'ex-garde.
BIANCARDINI, lieutenant 63e de ligne.
CHAMPAIN, 1er lieutenant 63e de ligne.
QUITTÉRAY, capitaine.
DOSSEZ, capitaine aux chasseurs à pied.
GENY (L.), lieutenant 10e bat. ch. à pied.
SAUZET-CLARIS, lieutenant 66e régiment.
NICOLE, sous-lieutenant 66e régiment.
DELÉAYE, lieutenant 66e régiment.
CAUSSANEL, sous-lieutenant 11e dragons.
TRESSE (E.), lieutenant dragons de l'ex-g.
LARDENOIS, sous-lieut. dragons de l'ex-g.

« Hambourg, 9 décembre.

» Monsieur,

» Si je n'écoutais que mon indignation, il y a longtemps que j'aurais répondu aux articles du *Drapeau*.

» Les officiers internés ici vont chercher leurs lettres aux bureaux de la commandature, et chaque jour je suis heureux d'entendre les propos que l'on tient sur le nouveau journal bonapartiste et ses rédacteurs.

» Les oreilles doivent singulièrement tinter rue de l'Écuyer et d'une manière peu agréable.

» Je crois que ces messieurs feraient bien de cesser tout envoi, à moins de bien connaître les personnes à qui les numéros sont adressés.

» H. CHOPPIN,
» Sous-lieutenant, 3e dragons. »

« Hambourg, 24 décembre.

„ Nous protestons de toutes nos forces contre les odieuses prétentions du parti bonapartiste et les calomnieuses insinuations des conspirateurs de Wilhelmshœhe. „

. . . .

. . . .

Signataires :

CHARLOIS, chef de bataillon 55ᵉ de ligne. | DUTHEIL, sous-lieutenant 55ᵉ de ligne.
ESPIAU, capitaine 55ᵉ de ligne.

ISERLHON.

« Iserlhon (Westphalie), 27 décembre.

" *A M. le Rédacteur en chef de* L'INDÉPENDANCE.

" Nous avons l'honneur de vous prier de bien vouloir joindre nos noms à ceux de nos camarades, prisonniers de guerre en Allemagne, qui ont déjà protesté contre certaines menées tendant à disposer l'armée prisonnière à appuyer la restauration bonapartiste et n'ayant actuellement d'autre but que d'entraver la défense nationale.

" Spectateurs impuissants de la plus héroïque des luttes, nos vœux ne sont que pour la France et pour les hommes qui défendent si vaillamment le sol natal.

" Recevez, etc. "

Signataires :

RICHARD (J.), capitaine du génie.
PIETTE, lieutenant du génie.
ALLOTTE DE LA FUYE, capitaine du génie.
RENAUD, capitaine du génie.
HEYSCH, lieutenant 2e chass. d'Afrique.
BOURNAZES (DE), lieutenant 2e chass. d'Af.
PIPERT, sous-lieutenant 2e chass. d'Afr.
LEFEVRE, sous-lieutenant 2e chass. d'Afr.

GARDÈRE, sous-lieutenant 2e chass. d'Afr.
SCHMITZ, sous-lieutenant 2e chass. d'Afr.
BERTIGNON, sous-lieutenant 2e chass. d'Af.
AFFRE, sous-lieutenant 2e chass. d'Afr.
VIGAROUS, lieutenant 2e voltigeurs.
SAINLOTTE (A.), lieutenant 3e chasseurs.
MERTZ, lieutenant de remonte.

KŒNIGSBERG.

« Kœnigsberg, 14 décembre 1870.

» Nous protestons avec énergie contre l'idée d'une restauration bonapartiste que certaines personnes prêtent à l'armée française prisonnière de guerre en Allemagne. La France a maintenant, plus que jamais, le droit de compter sur l'union et le concours de tous ses enfants, et certes nous ne trahirons pas sa confiance. »

Signataires :

OLLIVIER, capitaine adj.-maj. 2e tir. alg. | BRUNET, capitaine 2e tirailleurs.
COLLOT, 2e tirailleurs algériens. | MARQUISET, lieutenant 2e tirailleurs.
DROZ-DESVOYES, sous-lieutenant 2e tirail. | LACOMDE (A. DE), sous-lieutenant 2e cuir.
AURELLE DE PALADINES (D'), s.-l. 2e tirail. | BREWUSKI, sous-lieutenant 2e tirailleurs.
BRAGER (L.), sous-lieutenant, 2e tirail. | VAGNON, capitaine 2e tirailleurs.
SAUSSAC (DE), sous lieutenant 2e tirail. |

« Kœnigsberg, le 15 décembre 1870.

» D'odieuses insinuations tendent à présenter l'armée prisonnière en Allemagne comme pouvant servir à imposer au pays une restauration bonapartiste.

» De pareilles calomnies ne nous atteignent pas, mais elles peuvent avoir une fâcheuse influence sur les efforts héroïques de la France et sur la décision qu'elle prendra par le prochain plébiscite.

» Que les défenseurs de la patrie le sachent donc bien : soldats de la nation, nous ne sommes pas ceux d'un homme et nous n'obéirons qu'au pouvoir qui sera librement élu par le pays. »

Signataires :

HENRIÒT (C.), capitaine 8e batail. de chas.
GEORGÉ (L.), officier de chasseurs à pied.
PETITJEAN, lieutenant 3e zouaves.
MEISTERTZHEIM (S), sous-lieut. 8e chass.
LAUNÒIS (A.), lieutenant 8e bat. chass.
HIPPERLEN, officier d'administration.
MAUSSION (A. DE), capitaine 3e zouaves.
LAGARDÈRE (J.), lieutenant 3e zouaves.
KOBELL, lieutenant 36e de ligne.

PIHET (H.), lieutenant 36e de ligne.
MULLER (J.), capitaine 8e bat. chasseur.
GYSS (E.), capitaine 8e bat. chasseur.
FONTAINE, sous-lieutenant 17e chasseurs.
ROUZAUD, lieutenant 12e bat. chasseurs.
PAUCHET (C.), sous-lieut. 8e bat. chass.
CIRSTEREAU, capitaine 2e tirailleurs.
L'HERMITTE, lieutenant 8e bat. chass.
EICHMANN (E.), lieutenant 3e zouaves.

LEIGNITZ.

« Leignitz, 20 décembre 1870.

» Les officiers du 100ᵉ de ligne, dont les noms suivent, protestent contre toute idée de restauration bonapartiste, sans l'assentiment de la nation, pour laquelle nous faisons les vœux les plus sincères. Vive la République ! »

Signataires :

JAUBERT-ABDON, capitaine 100ᵉ de ligne.
VALLOT, lieutenant 100ᵉ de ligne.
VOTERRIN, lieutenant 100ᵉ de ligne.

COING, sous-lieutenant 100ᵉ de ligne.
FALCONETTI, sous-lieutenant 100ᵉ de lig.

LEIPZIG.

Nous extrayons ce qui suit d'une protestation qui a été envoyée au journal *le Drapeau*.

La longueur de ce document nous empêche de le donner en entier, mais les passages que nous reproduisons en feront facilement comprendre l'esprit et les tendances.

« Leipzig, 18 décembre 1870.

. . . .

» Vous jouez astucieusement sur les mots et vous mettez toute votre mauvaise volonté à ne pas vouloir comprendre le véritable sens d'une protestation signée par un grand nombre d'officiers prisonniers en Allemagne, bien que cette protestation, partie de différentes villes de l'Allemagne et reproduite à diverses reprises par *l'Indépendance belge*, ne laisse aucun doute sur sa véritable signification.

» Ne cherchez pas à vous bercer d'illusions et n'essayez pas de corrompre le sens de cette protestation toute patriotique ; nous sommes tous convaincus que le parti bonapartiste s'est rendu impossible en France, et si vous n'en voyez pas les raisons qui crèvent les yeux, tant pis pour vous.

. . . .

» Cessez donc votre polémique malsaine. Gardez pour vous

vos machinations et votre rage, et ne cherchez pas à jeter la discorde parmi nous. Nous sommes tous soldats de la France, de la France qui souffre, mais qui se défend. »

Signataires :

BERGER, greffier du conseil de guerre.
DIEMER, capit. garde mob du Bas-Rhin.
LATSCHA, lieut. garde m. du Bas-Rhin.
THUET, lieut. garde m. du Bas-Rhin.
SAAS, lieut. garde m. du Bas-Rhin.
WEISGERBER, lieut. garde m. Bas-Rhin.
WESSANG, lieut. garde m. du Bas-Rhin.
KLEIN, lieut. garde m. du Bas-Rhin.
BUHLER, lieut. garde m. du Bas-Rhin.
GERSBACH, lieut. garde m. du Bas-Rhin.
KUNEYL, sous-lieut. g. m. du Bas-Rhin.
SCHLUMBERGER, sous-lieut. g. m. B.-R.
JORDAN, sous-lieut. g. m. du Bas-Rhin.
THOMAS, sous-lieut. g. m. du Bas-Rhin.
ORTHEB, sous-lieut. g. m. du Bas-Rhin.
RITZENTHALER, sous-lieut. g. m. B.-R.
WALFFLIN, sous-lieut. garde m. Bas-Rhin.

WEIBEL, sous-lieut. garde m. Bas-Bhin.
FELGIRE, sous-lieut. 4e de ligne.
LATSCHA (E.), chef de musique.
STORCK, officier d'artillerie.
SCHWARTZ (H.), officier d'artillerie.
STOEKLIN (A.), officier d'artillerie.
KLEIN, officier d'artillerie.
GÉRARD (E.), officier d'artillerie.
DUPOMMIER, sous-lieutenant du génie.
STEF, sous-lieut. mobile de la Meurthe.
BOUVARD, sous-lieut. mobile du Rhône.
GRANRU, sous-lieut. 16e de ligne.
DARFIT, sous-lieutenant 16e de ligne.
TUGOT, sous-lieut. 4e infanterie marine.
MAURER, lieut. 85e de ligne.
KLUCKAUF, sous-lieut. 85e de ligne.

LUBECK.

« Lubeck, 17 décembre 1870.

» A M. le Rédacteur en chef de l'INDÉPENDANCE.

» On a osé émettre l'idée d'une restauration imposée à la nation, à l'aide de l'armée prisonnière en Allemagne. Nous, prisonniers de guerre, protestons avec énergie contre une semblable entreprise. La France seule a droit à notre dévouement. Vive la défense nationale !

Signataires :

BOURGUIGNON (V.), capit. 13e de ligne.
DYONNET, capit. 13e de ligne.
SANTY, capitaine 67e de ligne.
CAPDENAT, capitaine 32e de ligne.
DEBAIN, capitaine 55e de ligne.
MOREAU, capitaine 66e de ligne.
DIDIER, capitaine 13e de ligne.
ESTRABANT, capitaine 8e de ligne.
BERTAUT, lieutenant d'artillerie.
BERTAUT, capitaine d'artillerie.
GILLET, capitaine 13e de ligne.
TOUPET (E.), lieutenant 13e de ligne.
LAMOTHE, lieutenant 13e de ligne.
LENTONNET, lieutenant 13e de ligne.
DONNÈVE, capitaine 77e de ligne.

DEVAUREIX, lieutenant 66e de ligne.
D'AGON DE LACONTRIE, capit. 55e de lig.
BROSSARD DE RESSENROY, cap. 55e de lig.
GILLET, capitaine d'artillerie.
MAUPOIL, lieutenant 32e de ligne.
BAILLY, sous-lieut. 13e de ligne.
LOYER (E.), lieutenant 54e de ligne.
LECUIR, lieutenant d'artillerie.
MARCÉ (A. de), lieutenant 13e de ligne.
MÉRY, capitaine 13e de ligne.
PLAGNIOL, sous-lieut. 45e de ligne.
SCHMITT, 97e de ligne.
PORTIER, capitaine 13e de ligne.
GENET, lieutenant 1er d'artillerie.
FLEURY (DE), capitaine 5e bat. chasseurs.

TRAVERRAY (DE), capit. 5e bat. chass.
MOLLE sous-lieut., 5e bataill. chasseurs.
CLÈRE, sous-lieutenant 5e bat. chass.
SAINT-AULAIRE (DE), lieut. 15e de ligne.
POUNIENC, sous-lieutenant 1er d'artillerie.
RATIER, sous-lieutenant 64e de ligne.
VEDEL, officier d'administration.
RAGUIN, sous-lieutenant 13e de ligne.
PICARD, sous-lieutenant 13e de ligne.
GUILLERIN, lieut. lanciers de l'ex-garde.
CARTIER, sous-lieutenant 15e de ligne.
VENEL, capitaine 97e de ligne.
FAURE (G.), lieutenant 5e d'artillerie.
PRION, lieutenant 1er d'artillerie.
TADIEU, capitaine 8e de ligne.
BAUDU, capitaine 59e de ligne.
CASANOVA, capitaine 57e de ligne.
CHAPON (E.), sous-lieutenant 57e de l.
VALLET, sous-lieutenant 54e de ligne.
SANGOUARD, sous-lieutenant 3e dragons.
PERRETTE, sous-lieutenant 57e de ligne.
LE BRETON, sous-lieutenant 13e de ligne.
LABROUSSE, sous-lieutenant 13e de ligne.
LOUSTALLOT, chef de musique 64e de lig.
MAHÉ, lieutenant 84e de ligne.
REVELLE, sous-lieutenant 57e de ligne.
HUSSON, sous-lieutenant 3e dragons.
PAPILLIER, vétérinaire 3e dragons.
REBOUL (E.), sous-lieutenant 84e de lig.
CLÈZE (E.), sous-lieutenant 5e ch. à pied.
DUBREUIL, lieutenant 84e de ligne.
CHAUSSADE, cap. adj.-maj. 13e de ligne.
AULAGNE, capitaine 8e de ligne.
THIÉBAUDOT, lieutenant 8e de ligne.
BIANCONI, sous-lieut. 8e de ligne.
PARENT (E.), lieutenant 13e de ligne.
GUÉRIN, lieutenant 57e de ligne.
MONTIGNAULT, capitaine 8e de ligne.
FISCHER (J.), sous-lieut. lanciers ex-g.
GRANGIER, lieutenant 13e de ligne.
HEYDT, capitaine 17e d'artillerie.
ALMÉRAS, lieutenant 17e d'artillerie.

SACQUEMIN, lieutenant 17e d'artillerie.
HOUMMEL, capitaine 17e d'artillerie.
SAINT-GERMAIN (A. DE), c. 1er d'artillerie.
AUPIAS (H. D'), lieutenant 54e de ligne.
SAINT-ROMAN (DE), lieutenant 97e de lig.
FAIVRE, officier d'administration.
TURLET, lieutenant 3e de ligne.
GIRARD, lieutenant 17e d'artillerie.
MERCIER, officier d'administration.
DELUNG, lieutenant 64e de ligne.
MASCLÉ (DU), capitaine d'artillerie.
CLAUDIN, lieutenant 15e de ligne.
LARTAUD, sous-lieutenant 57e de ligne.
ARVEUF, capitaine d'artillerie.
GOYE, capitaine 13e de ligne.
COURIONT, sous-lieutenant 3e de ligne.
COLONNALECA, capitaine 8e de ligne.
LEFORT (A.), lieutenant 57e de ligne.
PINON (G.), lieutenant 57e de ligne.
MASSARD, sous-lieutenant 57e de ligne.
MAIGRE, sous-lieutenant 57e de ligne.
LACAPELLE, cap. adj.-major 8e de ligne.
LACAPELLE, lieutenant 5e de ligne.
BROUILLET, capitaine 13e de ligne.
SEGONDY, sous-lieutenant 13e de ligne.
DONNÈVE, capitaine 77e de ligne.
PELLERIN, lieutenant 8e de ligne.
SÉRÉVILLE (DE), colonel 5e chasseurs.
AEBILLOT, chef d'escadron d'artillerie.
DUCASSE, sous-lieutenant 5e chasseurs.
BRISSY, vétérinaire 5e chasseurs.
RIGAUD, chef de bataillon 13e de ligne.
GIRAUDON, porte-étendard 5e chasseurs.
CLAVERIE, sous-lieutenant 5e chasseurs.
MARMILLOT, sous-lieutenant 32e de lig.
AZÉMA, sous-lieutenant 32e de ligne.
MAZEAU, lieutenant 8e de ligne.
GUIGUES, sous-lieutenant 8e de ligne.
NEPVEUX, sous-lieutenant 84e de ligne.
VILLE D'AVRAY (G. DE), lieuten. 84e de l.
MIGNERET DE CENTRECOURT, c. 33e de l.
HAVAGE, sous-lieutenant 57e de ligne.

MAGDEBOURG.

« Magdebourg, 13 décembre 1870.

» Nous vous prions de vouloir bien annoncer par la voie de votre estimable journal que nous ne partageons en aucune façon les idées d'une restauration bonapartiste que semble vouloir préparer le journal *le Drapeau*. »

. . . .

Signataires :

Veziau (A.), capitaine 82ᵉ de ligne.
Legrand (L.), capitaine 82ᵉ de ligne.
Jean, capitaine 82ᵉ de ligne.
Alessandri, lieutenant 82ᵉ de ligne.
Noussigna, lieutenant 82ᵉ de ligne.
Viese (C.), lieutenant 82ᵉ de ligne.

Tilluit, lieutenant 82ᵉ de ligne.
Brecht, sous-lieut. 82ᵉ de ligne.
Hiriart, sous-lieutenant 82ᵉ de ligne.
Pacand, sous-lieutenant 82ᵉ de ligne.
Cuneo d'Ornano, s.-lieut. 82ᵉ de ligne.

----- --- --

« . . . . , . .

» Enfants de la France, nous ne pouvons servir d'autres intérêts que les siens ; tous nos vœux sont pour ces hommes de cœur et d'énergie qui n'ont pas désespéré du pays et dont le glorieux chef donne à tous, dans Paris, l'exemple du dévouement et de l'héroïsme. »

Signataires :

BÉZIAT, lieut.-colonel du génie.
FAYET (DE), capitaine d'état-major.
GEFIRIERDE (DE), capitaine d'état-major.
SCHASSERÉ (CH.), capitaine d'état-major.
FLEURY, capitaine du génie.
CHAIÉ-FONTAINE, capitaine du génie.
BOUVIER, capitaine du génie.
BUREAUX DE PUSY, capitaine du génie.
POTIER, chef de bataillon du génie.
MOSBACH, chef de bataillon du génie.
COMBE, capitaine du génie.
COATSALIOU, sous-lieut. 6e chasseurs.
BOUIC, sous-lieut. 8e dragons.
ORLÉANS (A. D'), lieut.-col. d'état-major.
REISS (G.), capitaine d'état-major.
DARRAS, capitaine d'état-major.
MOLL (A.), chef de bataillon du génie.
DAVENET, lieut.-colonel d'état-major.
DENEUX, capitaine du génie.
BUGUERAY, capitaine 5e hussards.
LECURE, lieut. bataillon des Vosges.
DERCHÉ, lieut. bataillon des Vosges.
STOUL, lieut. bataillon des Vosges.

DELAPORTE, capitaine 62e de ligne.
ALEXANDRE (V.), capitaine 8e dragons.
RENARD, capitaine 8e dragons.
DORIVAUT, chef d'escadron.
FOYAL, capitaine 7e bataill. de chasseurs.
VILFEU, capitaine 4e dragons.
LONGCHAMP (DE), capitaine, 8e dragons.
FARRE (E.), capitaine 2e lanciers.
LEGENDRE (E.), chef d'esc. 5e dragons.
VILAR (G.), lieutenant 66e de ligne.
VILAR (TH.), lieut. 7e bat. de chasseurs.
LECHEVALIN, lieutenant 69e de ligne.
BELIN, sous-lieutenant 24e de ligne.
TURCAS, s.-lieut. 7e bat. de chass. à pied.
LIARD, vétérinaire 2e lanciers.
BOUSSIN, lieutenant 8e dragons.
POILLEX, capitaine 10e de ligne.
CHAUVAUD, capitaine train d'artillerie.
LITSCHFOUSSE, capitaine d'état-major.
TUGNOT DE LANOY, capitaine d'état-major.
GIRARD, lieutenant 2e dragons.
DESMAZURES, capitaine 2e dragons.

« Magdebourg, 17 décembre 1870.

» *A M. le Rédacteur en chef de* L'INDÉPENDANCE.

» Monsieur le rédacteur en chef de *l'Indépendance.*

» Nous avons l'honneur de vous adresser copie d'une lettre que nous envoyons au rédacteur en chef du journal *le Drapeau.* »

. . . .

« *A M. le Rédacteur en chef du journal* LE DRAPEAU.

» Le mot *Drapeau* signifie pour nous honneur militaire, fidélité et dévouement absolu à la patrie ; pour vous, il veut dire : services à rendre au parti bonapartiste dont l'ineptie et l'imprévoyance ont causé les malheurs de la France.

» Vous voyez donc que nous ne pouvons nous entendre et vous ferez beaucoup mieux de ne plus nous envoyer gratis les numéros de votre journal.

» Nous croyons fortement que le plus grand malheur qui puisse arriver à la France est une restauration bonapartiste. »

Signataires :

EZEMAR (H.), capitaine 19e de ligne.	MARCHAND, lieutenant 17e de ligne.
BÉRANGER (E.), lieutenant 17e de ligne.	LOUVEL, lieutenant 17e de ligne.
LEMOINE (P.), lieutenant 17e de ligne.	BARNIER, sous-lieutenant 17e de ligne.
CARRIER, sous-lieutenant 17e de ligne.	BAISSES, lieutenant 17e de ligne.
PLIQUE, capitaine 17e de ligne.	LISLE (DE), lieutenant 17e de ligne.
FARON, capitaine 17e de ligne.	GAALON (A. DE), lieutenant 22e de ligne.
CAQUERAY (DE), lieutenant 17e de ligne.	LANCELIN, sous-lieutenant 22e de ligne.

——————

« Magdebourg, le 19 décembre.

» *A M. le Rédacteur en chef de* L'INDÉPENDANCE.

» Nous sommes inondés depuis quelque temps d'une publication qui nous ferait sourire de pitié, si elle ne nous soulevait de dégoût ; nous avons nommé *le Drapeau*.

» Ce journal paraît avoir mission de fausser l'opinion publique sur les sentiments qui animent l'armée française prisonnière en Allemagne, et, pour but évident, une restauration bonapartiste.

» Laisser sans protester se continuer cette........ publication serait, dans une certaine mesure, s'en faire le complice et l'empêcher de tomber promptement sous le mépris public. »

. . . .

. . . .

Signataires :

CLERCANT, capitaine infanterie marine.
DEHOUSSE, lieutenant infanterie marine.
BOUCHET, sous-lieut. infanterie marine.
DABAT, sous-lieut. infanterie marine.
LASSALLE DE LESCAR, lieut. infant. marine.
SIMON (Paul), officier francs-tireurs.

FAUCHER, sous-lieut. d'infanterie marine.
FERETTE, sous-lieut. infanterie marine.
BÉRAUD, lieut. 64e de ligne.
BÉRAND, lieutenant 51e de ligne.
BOUGUIÉ, sous-lieut. infanterie marine.
BOULLAND, lieutenant infanterie marine.

———

« Magdebourg, 20 décembre 1870.

» Nous partageons les sentiments de répulsion que les manœuvres odieuses du journal *le Drapeau* ont inspirés à un grand nombre de nos camarades, et nous vous prions de vouloir bien joindre notre protestation publique aux leurs. »

Signataires :

EDOUT (F.), capit. 44e batail. ch. à pied.
SELME, sous-lieutenant 48e de ligne.
PIHUIT, lieutenant 13e de ligne.
GUIRSER (L.), lieutenant, 96e de ligne.
LOISEAU (J.), lieut. 7e chasseurs à chev.

TERRAIL (N.), lieut. 7e chasseurs à chev.
DEHOUSTE, lieutenant 3e de marine.
DABAT, lieutenant 3e de marine.
CANNEL, lieut. 2e tirailleurs algériens.
MICHEL, lieut. 14e bataillon de chasseurs.

MAYENCE.

« Mayence, 1er décembre 1870.

» *Monsieur le Rédacteur,*

» Voici deux jours que je reçois ici, où je me trouve prisonnier de guerre par suite de la capitulation de Strasbourg, un journal intitulé : *le Drapeau*, dont le but manifeste est de racoler des recrues pour une restauration bonapartiste.

» Je n'ai pas besoin de vous dire avec quelle indignation la grande majorité des officiers prisonniers s'est prononcée contre les appréciations élucubrées par cette feuille.

» Prétendrait-on, par hasard, nous faire rentrer en France au milieu d'une guerre civile et en marchant sur les cadavres de nos compatriotes?

» Prétendrait-on nous faire croire que le général Trochu est un traître, parce qu'il n'a pas encore capitulé?

» Qu'on ne s'y trompe pas. On ne disposera pas impunément de nos volontés et de nos consciences.

» Le temps du servilisme est passé, et, si grande que soit notre douleur à l'aspect des malheurs de la patrie, plus grand encore est notre regret de ne pouvoir servir la république sur les champs de bataille

" Croyez bien, monsieur, qu'en m'exprimant ainsi, je ne suis que l'interprète fidèle de l'immense majorité des prisonniers, tant officiers que soldats.

" Recevez, monsieur, l'assurance de toute ma considération.

» E. PERRET.

» Capitaine au 3ᵉ zouaves. »

« Mayence, le 4 décembre 1870.

" *Monsieur le Rédacteur,*

" Je reçois depuis plusieurs jours, ainsi qu'un certain nombre de mes camarades, un numéro du *Drapeau*, journal bonapartiste, qui s'imprime à Bruxelles, et dont le but tend très-ouvertement à préparer une restauration.

" J'avais déjà eu connaissance de menées de ce genre, mais, n'en ayant été nullement l'objet, je m'étais, bien qu'indigné, abstenu de toute manifestation contraire à mon caractère.

" L'envoi réitéré du journal en question me crée le droit, me fait un devoir de protester énergiquement, en mon nom seul bien entendu, contre la complicité qu'on pourrait m'attribuer dans de pareilles intrigues.

" Ma protestation, sans prendre aucune couleur politique, est celle d'un soldat que révolte toute tendance française contraire aux efforts héroïques faits par mon pays, et qui déplore les causes auxquelles sont réellement dus les malheurs inouïs de la France et l'inaction forcée de dix mille officiers et de plus de 300 mille soldats, furieux les uns et les autres, on peut le dire sans crainte d'être démenti, de la position qui leur est faite.

» Je vous serai reconnaissant, monsieur, de vouloir bien insérer ma lettre dans votre prochain numéro.

» Veuillez agréer, Monsieur le rédacteur, l'assurance de ma parfaite considération.

» DÉADDÉ,

». Chef d'escadron d'état-major,
prisonnier de guerre, à Mayence. »

« Mayence, décembre 1870.

» Il y a quinze jours, le bruit s'était répandu que les familiers de Wilhelmshœhe couvaient les forteresses allemandes pour y sonder les prisonniers ; nous n'avons pas cru à cette démarche insensée. Aujourd'hui nous recevons *le Drapeau*, journal de l'Empire, et nous haussons les épaules de pitié.

» Louis Bonaparte, ton temps est passé.

» A. DE HAUT,

» capitaine d'état-major. »

Les deux lettres suivantes, également datées de Mayence, sont conçues dans le même esprit :

« *Monsieur le Rédacteur,*

» Le fait de fonder et de rédiger un journal qui tend à restaurer le régime impérial en France, à décourager l'armée qui combat encore en amoindrissant ses succès, à susciter au gouvernement de la défense nationale des embarras dans l'accomplissement de sa mission de salut, doit être considéré par tout bon patriote comme un crime et une infamie.

» Le fait de rédiger ces articles odieux et de ne pas les signer, constitue une lâcheté et prouve surabondamment que les gens payés pour le faire sont des hommes tarés.

» Le fait d'envoyer ce journal et d'en proposer l'abonnement à l'armée, victime de ceux qui l'ont trahie et vendue, constitue une manœuvre infâme et attentatoire à l'honneur de l'armée française.

» Comme citoyen et comme officier français, je proteste de toutes mes forces contre la publication de cette feuille et contre les manœuvres bonapartistes.

» Un journal, *le Drapeau,* vient de paraître à Bruxelles ; il doit tomber sous le mépris et l'exécration de tout bon Français.

» Mayence, le 30 novembre 1870.

» FÉLIX D'ASIES DU FAUR,
» Capitaine commandant les francs-tireurs,
dits partisans du Gers. »

« Mayence, 18 décembre.

» *A M. le Rédacteur en chef de* L'INDÉPENDANCE.

» Les officiers soussignés, prisonniers de guerre à Mayence :

» Considérant que la rédaction anonyme du journal *le Drapeau* critique systématiquement et calomnieusement le gouvernement institué pour la défense nationale ;

» Considérant que ce journal a osé déclarer que l'armée prisonnière se devait à ses anciens serments, fait qui constitue une tentative caractérisée d'embauchage au bénéfice d'intérêts dynastiques ;

» Considérant, enfin, qu'il est du devoir des militaires internés en Allemagne d'affermir le courage de la France en armes, en éloignant d'elle toute appréhension ultérieure de guerre civile et en lui persuadant que nos vœux les plus ardents la suivent sur les champs de bataille, où elle lutte pour la dignité et l'indépendance de la nation ;

» Protestent contre l'ineptie et le manque de foi des paroles contenues dans *le Drapeau* et contre tout envoi gratuit ou non gratuit de cette feuille antinationale. »

Signataires :

PERRET, capitaine 3e zouaves.
DOLÉAC, lieutenant 13e chasseurs.
LEMAITRE, s.-l. rég. de marche de Strasb.
RIDON, sous.-l. 5e batail. de chasseurs.
LE GAL, lieut. 5e bataillon de chasseurs.
RENAUD, capitaine 19e de ligne.
SERMET, capitaine 19e de ligne.
LASSERRE, sous-lieutenant 19e de ligne.
CORNELY, lieutenant 2e zouaves.
ROUYER, capitaine 57e de ligne.
BOISSY (A. DE), lieuten. au 6e dragons.
MAZERAT, lieutenant au 6e dragons.

LARTIGUE, capitaine 96e de ligne.
LEBENETIER, officier au 2e hussards.
GINELBRECHT, capitaine au 2e hussards.
SENSFELDER, sous-lieut. au 2e hussards.
VALÈS, lieuten. 2e tirailleurs algériens.
BONTOUX, lieut. 2e tirailleurs algériens.
BRETON, lieutenant 90e de ligne.
LAPRA, capitaine 90e de ligne.
BROSSARD (DE), lieut. 2e tiraill. algériens.
MOREAU, sous-lieutenant 78e de ligne.
LAVENANT, sous-lieutenant 96e de ligne.
COLOMBIER (DU), sous-l. 4e chass. à chev.

PONCELET, chef de bataill , 81e de ligne.
DELUCQ, adjudant-major 81e de ligne.
EYMERY, lieutenant 2e hussards.
ROUX, sous-lieutenant 2e hussards.
BAFFIE, lieutenant 2e hussards.
COUTANCE, lieutenant 1er d'artillerie.
DEWINCK, lieutenant 1er d'artillerie.
DROUILLY, vétérinaire 1er d'artillerie.
SÉGONDAT, lieutenant 1er d'artillerie.
LORIFERNE, lieutenant 75e de ligne.
VENTURE, sous-lieutenant 75e de ligne.
WILL, capitaine 73e de ligne.
RICHARD, capitaine 3e dragons.
QUINEMANT, chef de bataillon 4e de ligne.
MONNIER, lieutenant 1er d'artillerie.
HOBLINGER, sous-lieut. 45e de ligne.
MOUCHET, capitaine 10e chass. à cheval.
BOURGUES, lieutenant 3e dragons.
LAVOIGNET, lieutenant 6e de ligne.
LAMBERT (C.), capitaine 33e de ligne.

ANDRÉ, capitaine 3e dragons.
MANDONNET, sous-lieut. 11e dragons.
MOREAU, sous-lieutenant 83e de ligne.
MATHIEU, capitaine d'artillerie.
TOREL, capitaine 11e dragons.
CRISTINE, capit. 2e chasseurs à pied.
MOAT, capitaine 52e de ligne.
RIBAU, sous-lieutenant 2e dragons.
BARJON, capitaine d'artillerie de la garde.
ALBENQUE, capitaine 17e d'artillerie.
DUBOT, sous-lieutenant 80e de ligne.
HILLION, capitaine 98e de ligne.
JULIEN, lieutenant 98e de ligne.
VILLA, lieut. 5e bat. chasseurs à pied.
ROQUE (DE LA), lieut. 10e chass. à cheval.
GALBRUNER, capitaine 10e chass. à cheval.
RICHARD, officier d'administration.
POYARD, chef de bataillon.
NAULOT, chef d'escadron 2e dragons.

On a voulu nier, dans le camp bonapartiste, l'existence de menées ayant pour but une restauration de l'homme de Sedan, par le concours des armées prisonnières en Allemagne et sans aucune préoccupation de la volonté du peuple français. Voici une lettre qui établit nettement ce que valent ces dénégations intéressées et mensongères :

« Mayence, 19 décembre.

» *Monsieur le Rédacteur,*

» Voici un fait que je porte à la connaissance de tous mes camarades, prisonniers en Allemagne.

» J'ai vu ici, à Mayence, pendant trois jours, venant de

Londres, Cologne, Coblentz, ayant passé par Wilhelmshœhe, allant à Wiesbaden, Stuttgart, Munich, Ulm, Dresde et Leipzig, un étranger se recommandant d'une lettre autographe de l'Empereur que j'ai lue.

» Cette personne met en avant des projets de restauration et s'étonne de trouver si peu d'attachement personnel pour Napoléon III dans l'armée; elle vante le courage de l'Empereur à Sedan et dit peu de bien des membres du gouvernement de la défense nationale.

» Nous savions depuis longtemps que notre souverain déchu avait le génie de l'intrigue; mais nous espérions qu'il ne chercherait pas maintenant à préparer une restauration qui amènerait infailliblement la guerre civile.

» Mais tôt ou tard le masque tombe, le héros s'évanouit, l'aventurier reste.

» Veuillez agréer, Monsieur le Directeur, l'assurance de mes sentiments distingués.

» A. DE HAUT.

» Capitaine d'état-major. »

———

« Mayence, 26 décembre.

» *A M. le Rédacteur en chef de* L'INDÉPENDANCE.

» Rêver une restauration impériale après les hontes de Sedan et de Metz est une idée monstrueuse qui n'a pu être conçue que par des êtres aussi complétement dénués de sens moral que Louis-Napoléon Bonaparte et ses agents.

» Nous ne serons pas complices d'une pareille infamie.

» Que le rédacteur en chef du *Drapeau* le sache bien!
ous n'éprouvons pour son journal que mépris et dégoût.

» Nous admirons, au contraire, le gouvernement de la
fense nationale; nous applaudissons à ses nobles efforts
ur chasser l'étranger. Hélas! que ne pouvons-nous lui offrir
s bras et nos existences!

» A. TAFFIN,
» Lieutenant-colonel d'état-major.

» BOURGEOIS,
» Chef d'escadron d'état-major.

———

« Mayence, le 25 décembre.

» *A M. le Rédacteur en chef de* L'INDÉPENDANCE.

» Les officiers français soussignés, prisonniers de guerre à
ayence, regardent comme un devoir de déclarer publique-
nt :

» 1° Qu'ils protestent contre toute manœuvre qui tendrait à
poser à la France, contrairement à sa volonté, un gouver-
ment quel qu'il fût, à l'aide de l'armée prisonnière en
lemagne;

» 2° Qu'ils sont remplis de reconnaissance et de sympa-
ie pour le gouvernement de fait qui n'a pas désespéré du
lut de la patrie et qui oppose à l'invasion une résistance
ujours renaissante et à laquelle ils ne peuvent malheureuse-
nt s'associer que par leurs vœux. »

Signataires :

BRAUER (J. DE), général de brigade.

FOURNIER, général de brigade.

BRESSONNET, colonel du génie.

STROLTZ, colonel 33e de ligne.

FRANCHESSIN (A. DE), lieut.-col. d'art.

GUILLEMIN, lieut.-colonel 15e de ligne.

BÉZARD, lieutenant-colonel 97e de ligne.

LAFOUGE (E.), chef d'escad. d'état-maj.

PONCELET, chef de bataill. 81e de ligne.

MALCOR, chef de bataillon 29e de ligne.

LAFON (E.), comm. 15e bat. ch. à pied.

QUINEMANT, chef de bataill. 4e de ligne.

FULCRAND (C.), chef de bat. du génie.

LEMOINE, chef de bataill. 68e de ligne.

BOUCHER, chef de bataill. du génie.

NAULOT, chef d'escad. 2e drag. (provis. aux lanciers de la garde).

MOUGIN, capitaine du génie.

GODAIN (P.), capitaine 37e de marche.

DE HAUT (A.), capitaine d'état-major.

LA SAULAI (O.), capitaine 50e de ligne.

PROTH, capitaine 17e artillerie.

FAVREAUX, capitaine 87e de ligne.

DELUCQ, capit. adjud.-maj. 81e de ligne.

PESSONNEAUX DU PUGET, cap. 87e ligne.

BERDET, capitaine 88e de ligne.

DE SOMER, capitaine 88e de ligne.

CHRISTINE, cap. 2e bat. chass. à pied.

JOUGLAS, capit. 2e bat. chass. à pied.

WILE, capitaine 73e de ligne.

BONNEFON, capitaine 83e de ligne.

PROUST, capit. 8e chasseurs à pied.

SCHMITT (E.), capitaine du génie.

MALLENFANT, capitaine 72e de ligne.

CUNAULT, capitaine 7e artillerie.

FRANCHESSIN (DE), capit. 7e artillerie.

GOUIRAN, capit. adjud.-maj. 54e de ligne.

CRÉPAU, capitaine du génie.

MATHIEU, capitaine d'artillerie.

LAMBERT, capitaine 87e de ligne.

SENÈS, capitaine 87e de ligne.

LELONG, lieutenant d'artillerie.

TÉTARD (G.), lieutenant du génie.

BERTHAUX, lieut. 4e bat. chass. à pied.

CANSOIS (A.), lieutenant 87e de ligne.

LORIFERNE, lieutenant 75e de ligne.

RENDU, lieutenant 52e de ligne.

MALBERT, lieutenant 68e de ligne.

DE LATOUR, lieutenant 99e de ligne.

HUGUET, lieutenant d'artillerie.

BLANCKEMAN, lieutenant 64e de ligne.

BONTOUX, lieutenant aux tirailleurs.

VERLÈRE (J.), lieutenant 2e tirailleurs.

POMMERAI (A.), lieutenant du génie.

PASSEBOIS, officier d'ordonnance.

BUREAU, sous-lieutenant 21e de ligne.

VENDURE, sous-lieutenant 75e de ligne.

BAUDIN (A.), sous-lieut. 47e de ligne.

BERTONIÈRE, sous-lieut. 89e de ligne.

GUIMON, sous-lieutenant 18e de ligne.

SAINT-GERMAIN (DE), sous-l. 99e de lig.

PARES, sous-lieutenant 17e de ligne.

CAVAILLON, sous-lieut. 63e ligne.

LALANE, sous-lieutenant 9e artillerie.

CAMENTRON, sous-lieutenant d'artillerie.

MERSELBURG.

« Merselburg, 11 décembre 1870.

„ *A M. le Rédacteur en chef de* L'INDÉPENDANCE.

„ En face des menées qui cherchent à entraîner hors de son devoir l'armée prisonnière, les officiers soussignés internés à Merselburg croient ne plus devoir garder le silence.

„ Ils vous prient donc de vouloir bien insérer leur protestation et leur déclaration et de ne prêter leur concours qu'au gouvernement qui sera librement accepté par la nation française. »

Signataires :

KROOL (V.), capitaine 3e tirailleurs.
TIVOLLIER, capit. 6e bat. chass. à pied.
SAINT-FERJEUX (DE), cap. 6e ch. à chev.
OREUILT, cap. adjud.-maj. 3e tirailleurs.
WORONIEZ DE PAWENZA, cap. 3e tiraill.
CRAMPARET, capit. 6e chasseurs.
BERTAUT (H.), sous-lieut. d'état-major.
FRONTAGNY, lieutenant 6e chasseurs.
MONERIE (DE), lieut. 6e chasseurs.
SÉJAL, capitaine 8e de ligne.
BRIATTE, cap. 1er bat. chass. à pied.
CASPARD, cap. 1er bat. chass. à pied.
GILLON, capitaine 8e de ligne.
DELOUIS, cap. 6e bat. chass. à pied.

DOUMENS, cap. adj.-m. 6e bat. ch. à pied.
GUEYTAT, cap. 6e bat. chass. à pied.
DUMONT (G.), lieutenant 3e zouaves.
MAS-MÉZÉRAN (L.), cap. 3e tirailleurs.
SAUVAGE (E.), capitaine 3e tirailleurs.
RIVAUD DE LA RAFFINIÈRE, sous-lieut. 6e chasseurs à cheval.
GELINET (E.), sous.-lieut. 6e ch. à chev.
TROUBLÉ, lieutenant 33e de ligne.
POTTIER (C.), cap. 6e bat. ch. à pied.
PUECH, capit. 6e bat. chass. à pied.
CARRÉ, capit. 6e chass. à cheval.
ALLUT (E.), sous-lieut. 6o chass. à chev.
HÉMÈRE, capitaine 3e zouaves.

Poulot (J.), lieutenant 6e chasseurs.

Mesnil, lieutenant 30e de ligne.

Chalert, lieut. 6e chasseurs à cheval.

Grave, lieutenant 24e de ligne.

Gorsse, lieutenant 24e de ligne.

Bergond, sous-lieutenant 24e de ligne.

Bastide, sous-lieutenant 24e de ligne.

Rouan, sous-lieutenant 24e de ligne.

Rouvillain, sous-lieut. 24e de ligne.

Decas, capitaine 24e de ligne.

Lalanne des Camps (G.), cap. 3e tiraill.

Illaire (A.), lieutenant 8e de ligne.

Jousselin (L.), lieutenant 8e de ligne.

Cruzel (E.), lieutenant 56e de ligne.

Muller (E.), capitaine 56e de ligne.

Fournials (P.), lieutenant 8e de ligne.

Peuchot, sous-lieutenant 30e de ligne.

Hüe, lieutenant 37e de ligne.

Raime (de), lieutenant 37e de ligne.

Cambroche, lieutenant 56e de ligne.

Dubois, sous-lieutenant 37e de ligne.

Marchand, lieut. 1er bat. de chasseurs.

Lactairi, sous-lieut. 56e de ligne.

Burtet, sous-lieut. 74e de ligne.

De la Grandière, sous-lieut. 23e ligne.

Guy, sous-lieutenant 10e dragons.

Chaussard, sous-lieutenant 10e dragons.

Fontvielle, sous-lieutenant 10e drag.

Colin, sous-lieut. 1er bat. chass. à pied.

Santi, sous-lieut. 1er bat. chass. à pied.

Thomas (Eugène), sous-lieut. 8e de ligne.

Wissant, capitaine 3e tirailleurs.

Ducoroy, capitaine 3e tirailleurs.

MUHLHOFEN.

« Muhlhofen, près Bendorf, 12 décembre 1870.

« *A M. le Rédacteur en chef de* L'INDÉPENDANCE.

» Les soussignés, officiers français, prisonniers de guerre en Allemagne, refusent de prêter leur concours à tout mouvement politique ayant pour but d'imposer à notre patrie un gouvernement autre que celui choisi par la volonté nationale.

» Nous avons l'honneur de vous prier de vouloir bien insérer cette protestation.

» Agréez, Monsieur le Rédacteur en chef, etc. »

Signataires :

CORTEGGIANI (V.), capit. 95e de ligne. | MATHIEU, sous-lieutenant 95e de ligne.
LAVERGNE (A.), lieutenant 95e de ligne. |

MUNSTER.

« Munster, 15 décembre.

» Nous vous prions de vouloir bien ajouter nos noms à ceux des officiers qui protestent contre toute idée de restauration bonapartiste.

» Tous nos vœux sont pour le gouvernement de la défense nationale, et notre seul regret est de ne pouvoir nous joindre à ceux qui combattent. »

Signataires :

GRANET, lieutenant 6e bat. chass. à pied.

LACROIX (DE), lieut. 6e bat. chass. à pied.

DUCROS, lieutenant 6e bat. chass. à pied.

JOLLY, lieutenant 6e bat. chass. à pied.

SEELVEGER, lieut. 6o bat. chass. à pied.

ROLLAND, lieutenant 6e bat. chass. à pied.

HAGRON, capitaine d'état-major.

ROLLET, lieutenant d'état-major.

BESSON, lieutenant d'état-major.

CANALE, chef bataillon 2e tirailleurs.

MALPEL, lieutenant 8e bat. chass. à pied

KLEIN, capitaine du génie.

BAUDSON, sous-lieut. 6e bat. chass. pied.

BAGNERES, s.-l. chass. à pied ex-garde.

AUTUME (Comte V. D'), s.-l. 3e dragons.

ARCHAMBAULT (D'), lieut. 63e de ligne.

LELORRAIN, chef de bataillon du génie.

MERENS (L.), sous-lieut. 6e bat. ch. pied.

MAFFRE DU BOURQUET, capit. 33e ligne.

DOYEN (Paul), capitaine garde mobile.

BOURDON, chef bataillon 2e tirailleurs.

DONOP (R.), capitaine d'état-major.

CANU, vétérinaire 2e chasseurs d'Afrique.

BERTRAND, chef bataillon 2e tirailleurs.

BOUCHET, lieutenant 33e de ligne.

NIEF (L.), lieutenant 33e de ligne.

JEANNIN, lieutenant 33e de ligne.

CHAMBERLAND, lieutenant 33e de ligne.

FERBU (A.), capitaine 90e de ligne.

FLAVIGNY, lieutenant 90e de ligne.

BARRET, sous-lieutenant 30e de ligne.

VAILLANT, capitaine 19e de ligne.

ANTOMARCHI, capitaine 19e de ligne.

CLÈRE, sous-lieutenant 84e de ligne.

COMBELLE, capitaine 41e de ligne.

QUARANTE, chef bataillon 41e de ligne.

VOSSION (L.), sous-lieutenant 2e grenad.

« Munster, le 28 février 1871.

» *A M. le Rédacteur en chef de* L'INDÉPENDANCE.

» Monsieur le Rédacteur en chef,

» Dans son numéro du 26 février, le journal *le Drapeau* publie une lettre signée : *Les officiers français prisonniers à Munster.*

» Étant internés à Munster, et n'ayant eu connaissance de cette lettre que par sa publication dans *le Drapeau*, nous avons adressé au directeur de cette feuille la lettre suivante, que nous vous serons très-obligés de vouloir bien reproduire :

———

« Munster, 27 février.

» Monsieur,

» Nous sommes fort étonnés de lire dans votre numéro du 26 février une lettre signée : les officiers français prisonniers à Munster.

» Nous ne voulons engager de polémique ni avec vous ni avec votre correspondant.

» Nous ne reconnaissons à personne le droit de parler en notre nom, et nous prions ceux qui se servent de votre journal pour y publier leurs réflexions de vouloir bien les signer.

» Nous comptons sur la publicité que nous promet le dernier paragraphe de la lettre en question.

» Les officiers français prisonniers de guerre à Munster.

Signataires :

Le Lorrain, commandant du génie.
Hagron, capitaine d'état-major.
Roland, lieutenant 6e bataillon chasseurs.
Klein, capitaine du génie.
Percin, lieutenant chasseurs.
Lacroix (H. de), lieut. 6e batail. chass.
Autume (Comte V. d'), sous-lieut. 3e drag.
Grasset, lieutenant 6e bataillon chass.
Bertrand, chef bataillon 2e tirailleurs.
Bourrier, sous-lieutenant 30e de ligne.
Reynaud, capitaine lanciers.
Rigail, chef bataillon 25e infanterie.
Quarante, chef bataillon 41e infanterie.
Bertignon, sous-lieut. 2e chass. Afrique.
Bouchet, lieutenant 33e de ligne.
Flavigny, lieutenant 90e de ligne.
Ferbu (A.), capitaine 90e infanterie.
Coetgourden (de), lieutenant voltigeurs.
Hulin, capitaine état-major.
Cailleteau (K.), sous-lieut. garde-mob.
Desmarest, lieutenant 23e de ligne.
Morlot, capitaine 41e de ligne.
Antomarchi, capitaine 19e de ligne.
Chapard, capitaine 65e de ligne.
Calvet, lieutenant 65e de ligne.
Cecconi, sous-lieutenant 4e voltigeurs.
Archambeau, lieutenant 2e grenadiers.
Boizeaud, sous-lieutenant 2e grenadiers.
Hautefort (d'), lieuten.-col. 10e chass.
Pfeiffer, chef d'escadron artillerie.
Noirot, chef de bataillon.
Chardot, lieutenant-colonel.
Bourdon, chef bataillon 2e tirailleurs.
Petit (E.), chef escadron artillerie.
Normand, commandant 4e cuirassiers.
Canale, chef bataillon 2e tirailleurs.
Chamberland, sous-lieut. 33e infanterie.
Combette (A.), capitaine 41e infanterie.

Flahaut, sous-lieutenant 3e chasseurs.
Canu, vétérinaire 2e chasseurs Afrique.
Rubin, capitaine 65e de ligne.
Dublineau, lieutenant 41e de ligne.
Bunoust, sous-lieutenant 2e tirailleurs.
Besson, lieutenant d'état-major.
Clerc, sous-lieutenant 84e de ligne.
Rouillès, cap. instructeur 4e cuirassiers.
Durand, lieutenant 53e de ligne.
Maffre du Bousquet, capit. 33e ligne.
Nief (L.), sous-lieutenant 33e de ligne.
Richemont (F. de) sous-lieutenant.
Terrail (L. du), capitaine 7e hussards.
Malpel (A.), lieut. 8e bataill. chasseurs.
Barrette, sous-lieutenant 30e de ligne.
Jolly (A.), sous-lieut. 6e bat. chass. pied.
Baudson, sous-lieut. 6e bat. chass. pied.
Ducros, lieutenant 6e batt. chass. pied.
Archambault (D'), lieut. 63e de ligne.
Seelweger, sous-l. 6e bat. chass. pied.
Merens, sous-lieut. 6e bat. chass. pied.
Bulleux, capitaine 10e dragons.
Vigarous, lieutenant 2e voltigeurs.
Loquet, sous-lieutenant 2e voltigeurs.
Mignucci, sous-lieutenant 4e voltigeurs.
Morand, capitaine 41e de ligne.
Bagnères, sous.-lieut. chass. pied garde.
Rossel, chef escadron 10e chass. cheval.
Rollet, lieutenant d'état-major.
Donop, capitaine d'état-major.
Vossion (L.), sous-lieut. 2e grenadiers.
Veuillot, lieutenant 3e grenadiers.
Aly, sous-lieutenant 72e de ligne.
Barrois, capitaine 4e voltigeurs.
Déliot, lieutenant 3e grenadiers.
Chollet, lieutenant 4e voltigeurs.
Doyen (P.), capitaine gardes mobiles.

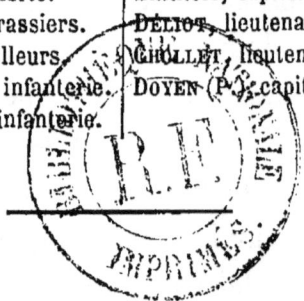

NEUSS.

« Neuss, 22 décembre 1870.

» Les soussignés protestent formellement contre toute idée de restauration s'appuyant sur l'armée. Ceux qui ont mis ces idées en avant se trompent étrangement s'ils croient que les victimes des hontes de Sedan et de Metz se prêteront à ces machinations. »

. . . .

Signataires :

BRILLOUIN, sous-lieut. carab. ex-garde.
BURTIN, sous-lieut. carab. ex-garde.
SARY, sous-lieut. carab. ex-garde.
BERA, sous-lieut. carab. ex-garde.
MALDIDIER, sous-lieut. carab. ex-garde.
GLEY, officier d'administration.
LEBRETON, lieutenant 3e chasseurs.
CAVARROT, lieutenant 3e chasseurs.
DECROX, lieutenant 3e chasseurs.
BAILLEUL, sous-lieutenant 3e chasseurs.
SCHOEPF, sous-lieutenant 3e chasseurs.
MARCHAND, cap. 2e chass. d'Afrique.
PLANTIER, lieutenant 2e chasseurs.
DE CHABOT, sous-lieut. 2e chass. d'Af.
CLAVERIE, sous-lieut. 2e chass. d'Af.
VILLAUME, sous-lieut. 2e chass. d'Af.
MASSON, sous-lieutenant 3e chasseurs.

ECKENDORFF, capitaine du génie.
BÉGHIN, capitaine du génie.
PRANGÉ, capitaine du génie.
ROGER, lieutenant du génie.
ANDRY, sous-lieutenant du génie.
LEDERMANN, officier d'administration.
BARRIER, officier d'administration.
FLORENT, officier d'administration.
PARROT, officier d'administration.
BOUFFARD, officier d'administration.
BRÉ, officier d'administration.
VESSELY, officier d'administration.
ROUSSEL, officier d'administration.
DUSAU, officier d'administration.
BORNE, officier d'administration.
BOURCIER, officier d'administration.

NEUSTADT-EBERSWALD.

« Neustadt-Eberswald, 12 décembre.

» *A M. le Rédacteur en chef de* L'INDÉPENDANCE.

» Nous venons de lire dans votre journal les protestations de plusieurs de nos camarades contre les calomnies du journal *le Drapeau* et contre le projet d'une restauration bonapartiste avec l'aide de l'armée française prisonnière en Allemagne.

» Nous nous associons complétement à ces protestations et nous vous prions de vouloir bien y joindre nos noms.

» Veuillez agréer, Monsieur le Rédacteur en chef, etc. »

Signataires :

CAMUS (Constant), capitaine 23e de ligne.
GASQUET (Élie), capitaine 23e de ligne.
HOQUINÉ, capitaine 23e de ligne.
MALMONTET (Albin), lieut. 23e de ligne.
CASQUET (Eugène), lieut. 23e de ligne.
SINGUERLIN, lieut. 23e de ligne.
BIAU, lieut. 23e de ligne.
LE MAISTRE, sous-lieut. 23e de ligne.
LEGUIDECOQ, sous-lieut. 23e de ligne.
DUBREY, sous-lieut. 23e de ligne.
DUPRÉ, cap. comm. 9e bat. 5e artillerie.

ROSSIN, capitaine 5e artillerie.
ZIMMERMANN, lieutenant 5e artillerie.
DUBOSC, lieutenant 5e artillerie.
ANDRÉE (P. D') lieutenant 3e lanciers.
FILIPPI, sous-lieut. 67e de ligne.
CORBÉ, sous-lieut. 97e de ligne.
GROSSE, sous-lieut. 97e de ligne.
OLIVIER, lieutenant 97e de ligne.
OLIVE, sous-lieut. 63e de ligne.
GRONNIER, officier 5e chasseurs.
FREMIET, officier 5e chasseurs.

PIEDANNA, capitaine adj.-maj. 76e ligne.

NERDENE, lieutenant 77e de ligne.

POTIER, sous-lieut. 77e de ligne.

BALME, capitaine 84e de ligne.

MICHELIN, lieutenant 5e chas. à cheval.

BAUDREUIL (DE), capitaine d'artillerie.

MAGNIÈRE, capitaine 77e de ligne.

CRÉMADELLS, lieutenant 20e bataillon de chasseurs à pied.

CRÉMADELLS, sous-lieutenant au 12e bataillon de chasseurs à pied.

PERRET, sous-lieutenant 76e de ligne.

CRÉMADELLS, sous-lieutenant 10e bataillon de chasseurs à pied.

NEUWIED.

« Neuwied, 7 décembre 1870.

« Les officiers français soussignés, prisonniers de guerre à Neuwied, protestent d'avance et de la manière la plus formelle, contre toute tentative qui aurait pour but d'entraver la défense nationale et d'établir en France, avec l'appui de l'armée française actuellement prisonnière en Allemagne, un gouvernement qui n'aurait pas l'assentiment du pays. »

Signataires :

MASSELIN, chef de bataillon du génie.
LEROY (H.), officier du génie.
PETIT, officier du génie.

BOISONNET, officier du génie.
CHENNEVIÈRE (H.), officier du génie.

Adhésions à la protestation datée le 2 de Neuwied et insérée dans notre numéro du 10 :

Signataires :

GRUIZARD, chef d'escadron d'état-major.
GRIMAUT, capitaine d'artillerie.
VEYRIE, capitaine 24ᵉ de ligne, prisonnier de guerre à Neustadt.
ASSÉZAT (D') lieut. 10ᵉ chas. à cheval.
ASSAILLY (A. D'), s.-l. 1ᵉʳ hussards.

STUFUY (?), capitaine d'artillerie.
PLASANET, lieutenant d'état-major.
ROMAIN-DESFOSSÉS, officier d'administration de la marine.
CATEL, capitaine 3ᵉ chasseurs.
LAFFON, lieutenant 3ᵉ chasseurs.

CABLEY, sous-lieutenant 51ᵉ de ligne.
SIGWART (A.), sous-lieut. 51ᵉ de ligne.
VREPELLE, sous-lieutenant 51ᵉ de ligne.
BOBET, lieutenant.
DOLARD, officier.
MAIGNE, chef d'escadron d'artillerie.
COTINEAU, capitaine 4ᵉ de ligne.
DURQUINE, officier.
SIMON, officier.
PINGÈVE, officier.
BERGANTES, capitaine 3ᵉ chasseurs.
LEBRUN, chef d'escadron 3ᵉ chasseurs.
DELUC, officier d'administration.
NORMANDIE, sous-lieut. 3ᵉ chasseurs.
CHARLACHAC, capitaine d'artillerie.
SALNA, officier.
CLUPEL (L. DU), officier.
PEILLIN (A.), officier.
GALIARD, capitaine d'état-major.
LESUEUR, capitaine 51ᵉ de ligne.
AILLES, officier 8ᵉ chasseurs d'Afrique.
LEROY, capitaine 59ᵉ de ligne.
LOURME (DE LA), chef de bataillon.
CAILLET, chef de bataillon.
DELON, capitaine d'artillerie.
CAMPION (A.) officier.
HIRT, capitaine.
Un capitaine du 51ᵉ de ligne, illisible.
DELAVEAU (A.), comm. 18ᵉ b. chass. à p.
BINET (R.), officier d'administration.
MORLIÈRES (A.), capitaine d'artillerie.
LEGRAND (A.), sous-l. 60ᵉ rég. de ligne.
MAISTRE (DE), lieutenant d'artillerie.
BROUSSE (DE LA), lieut. d'état-major.
BOUSSIGUE (DE), lieutenant d'état-major.
JOSERAU, ch. d'esc. 7ᵉ rég. de dragons.
MAISTRE (DE), sous-lieut. 7ᵉ hussards.
FAVÈRES, capitaine d'artillerie.
BRESSON, chef d'esc. 7ᵉ rég. de dragons.
LABROUSSE (DE), lieut.-col. 7ᵉ rég. drag.
COUTURIER, chef d'escadron d'artillerie.
THIRIOT, sous-lieut. 3ᵉ chasseurs.

REGNAULT, capitaine d'artillerie.
VASSE, colonel d'artillerie.
MEUNIER, sous-lieutenant d'artillerie.
CHAUSSÉE (DE LA), capitaine d'infanterie.
AUBAR, capitaine d'artillerie.
DÉLAUZE, capitaine aux chasseurs.
DEMOGUE, lieutenant 4ᵉ de ligne.
VERCAUSSIN (G.), sous-lieut. d'état-maj.
SCOLIERE (D.), lieutenant 78ᵉ de ligne.
DUHAION, sous-lieutenant 78ᵉ de ligne.
HERLÉ, chef de bataillon 51ᵉ de ligne.
TRASSELIN, chef de bataill. 19ᵉ de ligne.
DELBECQUE, colonel 51ᵉ de ligne.
BREART (J.), colonel 19ᵉ de ligne.
VANEY (A.), sous-lieutenant 51ᵉ de ligne.
AUDOUY (A.), s.-l. 1ᵉʳ rég. de volt. garde.
DULAUROY, lieutenant 93ᵉ de ligne.
OPPIGES (L.), lieut. 1ᵉʳ volt. de la garde.
BELLADEN, cap. adj.-major 8ᵉ de ligne.
LEFAURE, capitaine d'artillerie.
VAN VEEN, lieutenant 1ᵉʳ dragons.
SIGAU, capitaine 59ᵉ de ligne.
LAROQUE, capitaine 44ᵉ régim. de ligne.
BOUILLART, lieutenant 1ᵉʳ dragons.
HULÉR, capitaine 13ᵉ d'artillerie.
DAGUET, capitaine 9ᵉ dragons.
MARTIN, capitaine d'état-major.
KELLER, sous-lieutenant 69ᵉ de ligne.
POUPINT, lieutenant 69ᵉ de ligne.
QUIVY DE LÉTANGE, capitaine 69ᵉ ligne.
AMOS, lieutenant-colonel 19ᵉ de ligne.
MEDIER, chef de bataillon 8ᵉ de ligne.
MOUDESIN (DE), chef d'esc. d'artillerie.
MICHEL (E.), chef de bataillon.
TURE, chef de bataillon.
CAHEN, sous-lieutenant 13ᵉ d'artillerie.
BUHOT-LAUNAY, officier.
ROULLIER, sous-lieutenant 4ᵉ de ligne.
LEGRAND, voltigeur.
COURTE, sous-lieutenant.
VIERSIN, officier.

OBER-LAHNSTEIN.

———

A M. le Rédacteur en chef de L'INDÉPENDANCE.

« L'homme de Sedan veut revenir sur le trône de France ;
» le héros de Metz a livré son armée à la Prusse dans le but
» d'aider à cette restauration ; des agents bonapartistes que
» la politique prussienne encourage sont prêts à favoriser
» cette rentrée de Napoléon III, et l'armée française prison-
» nière de guerre en Allemagne viendrait l'appuyer de ses
» baïonnettes. »

« Telles sont les insinuations qui circulent en France, à
cette heure, et qui viennent nous trouver jusqu'ici.

» D'où émanent-elles? On le devine aisément.

» Aux hommes sensés vraiment Français et qui connais-
sent l'armée française, nous n'avons rien à répondre ; car,
pour eux, répondre à ces insinuations injurieuses, serait faire
supposer qu'elles peuvent nous trouver accessibles.

» Mais aux esprits crédules, faibles ou mal intentionnés,
aux hommes qui peuvent douter des sentiments de l'armée
française, nous dirons ceci :

» Au nom de cette armée française que la trahison ou le

malheur ont faite prisonnière de guerre, pour son honneur qu'elle veut garder intact, nous, officiers français internés à Ober-Lahnstein (Nassau), nous protestons de toutes les forces de notre âme contre des insinuations aussi monstrueuses; nous nous levons tous pour nier la part que l'on veut nous faire prendre dans cette infâme comédie, et nous jurons sur nos épées encore pures que nos bras sont à la république et que nos cœurs sont à la patrie, et que jamais, non jamais, nous ne partagerons avec les illustres auteurs de nos revers le pain de la trahison, et nous crions d'une voix unanime avec nos frères qui sont devant l'ennemi :

„ Vive la France ! Vive la république ! „

Signataires :

Didot, capitaine 18e de ligne.
Mano, lieutenant 18e de ligne.
Baloche (L.), lieutenant 18e de ligne.
Kauch, lieutenant d'artillerie.
Renaud (J.), lieutenant d'artillerie.
Commetta, sous-lieutenant 18e de ligne.
Allégrié, sous-lieutenant 18e de ligne.
Bocquet, lieutenant 18e de ligne.

Leroy (G.), lieutenant 18e de ligne.
Dornière, sous-lieutenant 60e de ligne.
Bonragarde (J.), lieutenant 60e de ligne.
Savy, capitaine 18e de ligne,
Bereau, sous-lieutenant 18e de ligne.
Luya, capitaine 18e de ligne.
Coussaud-Dullié, sous-lieut. 18e de l.
Gilet, lieutenant 18e de ligne.

RASTADT.

———

« Rastadt, 10 décembre 1870.

« *A M. le Rédacteur en chef de* L'INDÉPENDANCE.

« Les officiers·dont les noms suivent vous prient de vouloir bien insérer dans votre journal la protestation suivante, dont copie authentique est envoyée au journal *le Drapeau :*

« Les officiers français soussignés, prisonniers à Rastadt, » prient M. le rédacteur en chef du *Drapeau* de cesser de leur » envoyer ce journal. Quelle que soit leur opinion sur l'ori- » gine des calamités qui accablent leur pays, toutes leurs » sympathies sont pour les hommes qui, sans reculer devant » aucun sacrifice, poursuivent inflexiblement la défense du » territoire.

» Ils n'ont que du mépris pour ceux qui cherchent à trou- » bler ces patriotiques efforts. »

» Agréez, monsieur le rédacteur en chef, etc. »

Signataires :

BERGANE DU PETIT-THOUARS, c. de vaiss.
HUGOT, chef de bataillon 87ᵉ de ligne.
HERRY, capitaine 87ᵉ de ligne.
LAFON, capitaine 87ᵉ de ligne.
DE COATGOUREDEN, capitaine 87ᵉ de ligne.
JOLY (E.), capitaine 87ᵉ de ligne.

MOREAU (L.), capitaine de chass. à pied.
DREYFUS, lieutenant d'artillerie de la garde mobile du Bas-Rhin.
HUMANN (R.), lieutenant de la garde mobile attaché à la marine.

« Rastadt, 10 décembre 1870.

» *A M. le Rédacteur en chef de* L'INDÉPENDANCE.

» Les officiers soussignés, prisonniers de guerre à Rastadt, croient de leur devoir de protester avec leurs camarades contre certaines insinuations relatives à la possibilité d'une restauration bonapartiste qui s'appuyerait sur l'armée. » . .

. . . .

Signataires :

DENIS-LAROQUE, capitaine d'artillerie.
DESNOS, capitaine d'artillerie.
GENC, capitaine d'artillerie.
WATTELIN, commandant de recrutement.
QUILLET, chef d'escadron d'artillerie.
BAUER, lieutenant de vaisseau.
BARTHE, sous-lieutenant 18e de ligne.
RIVETTE, capitaine 28e de ligne.
PERRIN, sous-lieutenant 87e de ligne.
DUBUX, lieutenant 87e de ligne.
LÉOTHAUD, lieutenant 87e de ligne.
LAOUDAL, lieutenant 87e de ligne.
GARNIER, lieutenant 87e de ligne.
PAILLON, sous-lieutenant, 89e de ligne.
PIETRI, sous-lieutenant 89e de ligne.
LALLEMENT, lieutenant 73e de ligne.
MALLOT, lieutenant de la garde mobile.

NOIR (Henri), officier de volontaires.
HENRY, capitaine 57e de ligne.
HENRIET, sous-lieutenant 87e de ligne.
VERMEULIN, sous-lieutenant 87e de ligne.
SORET, lieutenant 87e de ligne.
FLICKINGERIE, sous-lieutenant de gend.
TOUSSAINT, sous-lieutenant de la mobile.
MOSER, lieutenant 56e de ligne.
CANET, sous-lieutenant 87e de ligne.
REBEL, lieutenant 99e de ligne.
LÉVÈQUE, sous-lieutenant 87e de ligne.
BERGER, sous-lieutenant de la garde mobile du Bas-Rhin.
GUILHAMIN, lieutenant-colonel.
TILLIÉ, chef de musique.
JEOFFROY, lieutenant 87e de ligne.

SOEST.

« Soést (Westphalie), 13 décembre 1870.

» Nous tenons à faire savoir à notre chère France que les vaincus qui n'ont été livrés que par la honteuse capitulation de Metz, n'auront jamais d'autres aspirations que leurs frères de la nouvelle armée.

» Nous répudions énergiquement la folle idée de prêter notre épée à toute tentative politique en dehors de la nation. »

Signataires :

Roger, capitaine 4e volt. de l'ex-garde.
Vauvion, s.-l. 4e voltig, de l'ex-garde.
Martin, s.-l. 4e voltigeurs de l'ex-garde.
Linkens, s.-l. 4e voltigeurs de l'ex-garde.
Samboeuf (E. de), s.-l. 4e volt. de l'ex-g.
Macart, lieutenant 4e volt.
Pierrat, s.-l. zouaves de la garde.

Doyelle, s.-l. aux lanciers de la garde.
Tassot (B.), s.-l. aux lanciers de la garde.
Coulange, cap. zouaves de la garde.
Colle, capitaine zouaves de la garde.
Gnaybaud, s.-l. zouaves de la garde.
Corberon, s.-l. zouaves de la garde.
Domerc, lieutenant zouaves de la garde.

THORN.

« Thorn, 14 décembre 1870.

« *A M. le Rédacteur en chef de* L'INDÉPENDANCE.

« Faisant toutes réserves à l'endroit de leurs opinions politiques personnelles, les officiers français prisonniers à Thorn
repoussent avec indignation les théories du *Drapeau*, sa polémique antifrançaise et la prétention qu'il affiche de nous rallier
à sa cause. »

Signataires :

DÉCUGIS (A.), capitaine du génie.
CLERGET-VAUCOULEUR (A.), l. 4º d'art.
PEYRON (A.), capitaine de dragons.
VARREUX (DE), capitaine 74º de ligne.
FEUILLOT, capitaine 3º de ligne.
PRUGAULT (L.), officier d'administration.
GRADOUX, capitaine 3º de ligne.
NIOL, lieut. 13º bat. chasseurs à pied.

VASSEUR (E.), capitaine 30º de ligne.
FOUCOU (A.), sous-lieut. 36º de ligne.
DURAND DE VILLERS (L.), cap. du génie.
LEROY, sous-lieutenant 94º de ligne.
LEURIONNES (C.), lieutenant 23º de ligne.
HUERRE, capitaine 60º de ligne.
BOUTE, lieutenant 1er zouaves.

ULM.

» Ulm, 8 décembre 1870.

» *A M. le Rédacteur en chef du* DRAPEAU.

» Monsieur, voici le deuxième numéro du *Drapeau* que vous m'adressez sans que j'aie jamais sollicité de vous cette gracieuseté. Je vous supplie de vous dispenser à l'avenir de m'envoyer cette feuille. Mes convictions sont faites à l'égard des personnages qui sont cause des désastres de notre malheureuse patrie. Vos articles, très-désintéressés, je le crois, si éloquents qu'ils puissent être, ne changeront rien à mon opinion. J'ajoute que j'ai la plus grande admiration pour ceux qui, dans les tristes et bien difficiles circonstances actuelles, font des prodiges de dévouement et de patriotisme pour sauver la France et l'intégrité de son territoire.

» Je n'ai pas la prétention, obscur comme je le suis, de parler autrement qu'en mon nom, mais heureusement j'ai la consolation de voir que la très-grande majorité des prisonniers français partagent mes opinions.

» C.-G. PARIS,
Chef de bataillon français,
prisonnier de guerre. »

WIESBADEN.

« Wiesbaden, le 10 décembre 1870.

» *A Monsieur le Rédacteur en chef de* L'INDÉPENDANCE.

» Les bruits d'une restauration impériale par le concours de l'armée prisonnière en Allemagne étant par leur persistance de nature à tromper l'opinion publique et à jeter le doute et la défiance parmi ceux qui — plus heureux que nous — peuvent encore combattre pour la patrie.

» Nous soussignés, officiers au 81e, prisonniers de guerre à Wiesbaden, déclarons repousser toute idée de participation à ces odieuses manœuvres et protester de la manière la plus formelle — pour le présent et pour l'avenir — contre toute tentative qui aurait pour but d'imposer contre la volonté nationale un gouvernement à la France.

» Nous vous prions, Monsieur le rédacteur en chef, de vouloir bien donner place dans vos colonnes à cette protestation et d'agréer, etc. »

Signataires :

COLAVIER D'ALBICI (L.), col. 81e de lig.	GUILLEMAN, capitaine 81e de ligne.
GRILLET, chef de bataillon 81e de ligne.	LAVALEY (A. DE), capitaine 81e de ligne.
SENNEVAL DE LAFOREST, chef de b. 81e l.	

ADHÉSIONS.

PONCELET, chef de bataillon 81e de ligne.	DELUCQ NEYME (DE), c. adj-maj. 81e ligne.

ADHÉSIONS ET PROTESTATIONS INDIVIDUELLES.

A ces signatures, il faut joindre celle d'un publiciste qui s'est fait une réputation dans la presse parisienne, M. Robert Mitchell, engagé volontaire dans l'armée française immédiatement après ses premières défaites, depuis officier dans la garde mobile et interné comme prisonnier de guerre à Neisse. L'extrait suivant d'une lettre qu'il adresse à un de ses amis indique quelle opinion a du *Drapeau* et de sa tendance M. Robert Mitchell, ancien rédacteur du *Constitutionnel :*

« As-tu lu un indigne journal qui s'appelle *le Drapeau?* Je ne comprends pas qu'un Français ose, dans un pareil moment, insulter ceux qui organisent et dirigent la défense nationale. Il faut être fou ou pis que cela pour essayer de semer la division en France et de compliquer, par des luttes civiles, la situation déjà si douloureuse de notre malheureux pays.

» Je ne sais ce qu'espèrent les promoteurs de cette œuvre antipatriotique; mais pour ma part, entre un système qui a ruiné la France et ceux qui s'efforcent de la sauver, je n'hésite pas.

» ROBERT MITCHELL. »

Ont adhéré à la protestation, datée du 15, de Coblence, page 35.

JÉMOIS, lieut. 4ᵉ voltigeurs de la garde. | JOBIT (M.), cap. 10ᵉ, int. à Freibourg.
MARC, s.-l. 89ᵉ ligne. int. à Hambourg. | (Brisgau).

Ont adhéré à celle de Coblence, page 35.

CAQUELIN, cap. 4ᵉ bataillon des Vosges. | STEINMETZ, capitaine 76ᵉ de ligne.
COUTY, capitaine 74ᵉ de ligne. |

FIN.

TABLE.

FIN DE LA TABLE DES MATIÈRES.

www.ingramcontent.com/pod-product-compliance
Lightning Source LLC
Chambersburg PA
CBHW052121090426
42741CB00009B/1897

* 9 7 8 2 0 1 2 6 7 6 7 0 1 *